D0411202

INICIACIÓN AL AJEDREZ

por

Antonio López Manzano
Joan Segura Vila

8ª Edición

**EDITORIAL
PAIDOTRIBO**

Quedan rigurosamente prohibidas, sin la autorización escrita de los titulares
del "copyright", bajo las sanciones establecidas en las leyes, la reproducción
parcial o total de esta obra por cualquier medio o procedimiento, comprendidos
la reprografía y el tratamiento informático y la distribución de ejemplares de ella
mediante alquiler o préstamo públicos.

Diseño de cubierta: David Carretero

© 2006, Antonio López Manzano
Joan Segura Vila

Editorial Paidotribo
Polígono Les Guixeres
C/ de la Energía, 19-21
08915 Badalona (España)
Tel.: 93 323 33 11 – Fax: 93 453 50 33
http://www.paidotribo.com
E-mail:paidotribo@paidotribo.com

Octava edición:
ISBN: 84-8019-206-2
Fotocomposición: Editor Service, S.L.
Diagonal, 299 – 08013 Barcelona
Impreso en España por A & M Gráfic, S.L.

Índice

Capítulo 8: Notación de las jugadas: Diferentes sistemas de notación, 47

Capítulo 9: Las tablas. El rey ahogado, 55

Capítulo 10: Los mates básicos, 59

Capítulo 11: La apertura, 65

Capítulo 12. Los errores en la apertura. Las celadas, 73

Capítulo 13: El medio juego: La estrategia, 83

Capítulo 14: El ataque y las combinaciones, 93

Capítulo 15: El final, 105

Selección de partidas, 113

Vocabulario de los términos más utilizados en ajedrez, 137

Ejercicios, 145

Soluciones, 159

Estructura y objetivos

El primer objetivo de este libro de ajedrez para principiantes ha sido dotar de una herramienta básica a todos aquellos que se dediquen a la enseñanza del ajedrez. Sin embargo, gracias a la sencillez del método utilizado y a la gran cantidad de ejemplos (propuestos y solucionados) es también ideal en el auto-aprendizaje del ajedrez para cualquier persona que desee adquirir unas bases firmes en la iniciación de este juego.

Iniciación al ajedrez está estructurado en cinco partes complementarias entre sí: **las lecciones teóricas, los ejercicios, la selección de partidas, el vocabulario y el reglamento del juego.**

Este libro es, ante todo, un **manual de ajedrez** al estilo clásico, donde se explican las principales reglas del juego de una manera completa y exhaustiva, pero a la vez con un lenguaje sencillo y claro.

Al final de cada capítulo se encuentran también, a modo de resumen, los puntos más importantes del tema que se ha explicado o una serie de consejos muy interesantes para los que se inicien en este juego.

La parte teórica se completa con una serie de **ejercicios** que hacen referencia a las principales facetas del juego y con una **selección de partidas**, todas ellas jugadas por **campeones del mundo**, con las cuales se intenta mostrar un abanico de estilos de juego bien diferenciados.

El libro se completa con un **vocabulario** que recoge las palabras y expresiones más utilizadas en la jerga ajedrecística, que sirve para esclarecer las distintas dudas terminológicas que puedan surgir en el aprendizaje del ajedrez.

Por último, se incluye una versión completa y actualizada de los principales **reglamentos del juego de ajedrez** de la Federación Internacional, que es el organismo que rige todas las pruebas y competiciones oficiales de ajedrez.

Introducción

EL AJEDREZ: DEPORTE, JUEGO Y ARTE

El ajedrez representa una lucha de ideas, una batalla intelectual entre dos bandos, que pueden crear con sus jugadas verdaderas obras de **arte**.

Por su carácter lúdico y formativo el ajedrez es un **juego** muy recomendable para los niños en edad escolar, ya que estimula el sentido de la responsabilidad y prepara a los estudiantes para su vida como adultos.

El ajedrez desarrolla también la memoria, la imaginación y la capacidad de concentración. Además, y gracias a su poder pedagógico, favorece el razonamiento lógico, fomenta la voluntad y habitúa al análisis y a la toma de decisiones.

Para algunos pocos, este juego se ha convertido en una profesión, desde que los organismos oficiales de ajedrez elaboraron unas reglas fijas y organizaron competiciones a nivel nacional e internacional, que otorgaron al ajedrez su condición de **deporte**.

El ajedrez, contrariamente a lo que pueda parecer, no es tan sólo un juego para gente muy inteligente, porque con una capacidad normal, dedicación práctica y mucha afición se puede llegar a ser un buen jugador. Los ajedrecistas forman una gran familia, tal y como proclama el lema de la Federación Internacional de Ajedrez: **"Gens una sumus"**, que expresa la unidad de todos aquellos que aman este excepcional juego.

El ajedrez, ya sea **juego, deporte o arte**, es, en definitiva, una práctica muy recomendable a **cualquier edad**, sea cual sea la condición física del practicante, y constituye una fuente de diversión inagotable que acompañará a quien lo desee durante toda su vida.

CAPÍTULO 1

*El ajedrez es un lago en el que
un mosquito puede nadar
y un elefante ahogarse*
(Proverbio indio)

Breve historia

EL ORIGEN DEL JUEGO

El criterio de la mayoría de los historiadores es que el ajedrez nació en la India, en el siglo VI. Entonces, el juego se llamaba Chaturanga, que significa "cuatro" (chatur) y "miembros" (anga). Este nombre hacía referencia a las cuatro unidades del ejército indio: los "elefantes", la "caballería", los "carros" y los "soldados a pie", que equivalían respectivamente a los alfiles, los caballos, los torres y los peones del ajedrez moderno.

LA LEYENDA DEL SABIO INVENTOR

Según la leyenda, fue un sabio brahman el inventor del juego del ajedrez, que lo creó para dar una lección de humildad al rey que tiranizaba a su pueblo.

El monarca, muy contento y satisfecho del ingenio del sabio, le prometió que le concedería lo que quisiera. Éste le pidió, simplemente, la cantidad de trigo que resultase de poner un grano en la primera casilla del tablero de

ajedrez, dos en la segunda, cuatro en la tercera, ocho en la cuarta y así sucesivamente.

El soberano, pensando que esto implicaba
tan sólo unos cuantos kilos de trigo, se lo concedió. Pero después de hacer los cálculos, el
resultado fue sorprendente: no había suficiente trigo en toda la India para recompen-
sar al sabio. Se necesitaba la impresionante
cifra de:

18.446.744.073.709.551.615 de granos

Para producir esta cantidad de trigo, sería
necesario sembrar setenta y siete veces todos
los continentes de la tierra.

EXTENSIÓN DEL JUEGO
DE AJEDREZ

De la India, el ajedrez pasó a Persia, el actual Irán, y desde allí al mundo árabe, que lo
enriqueció con nuevas reglas.

Fueron los árabes los que llevaron el ajedrez a Europa, principalmente a través de España, donde se recopiló el primer libro euro-
peo de ajedrez por orden de Alfonso X "el
Sabio".

Hacia el 1560, el jugador con más fama fue
el español Ruy López de Segura, creador de
la mundialmente famosa Apertura Española.

En el año 1620 se edita el tratado "Libro
que enseña a jugar al ajedrez", escrito en Ita-
lia, donde se unifican las reglas generales y se
pasa del juego antiguo al moderno, introduciendo el enroque y la salida facultativa del
peón..

En el siglo XVIII destacaron los ajedrecistas franceses, especialmente el conocido con
el sobrenombre de Philidor.

LOS CAMPEONES DEL MUNDO

En 1886 se celebró el primer campeonato del mundo, donde se proclamó ganador el checoslovaco Steinitz al vencer al inglés Zukertort.

Los campeones del mundo han sido hasta ahora los siguientes:

Nombre del campeón	Años durante los cuales mantuvo el título
Steinitz	(1886-1894)
Lasker	(1894-1921)
Capablanca	(1921-1927)
Alekhine	(1927-1935) y (1937-1946)
Euwe	(1935-1937)
Botvinnik	(1948-1957), (1958-1960) y (1961-1963)
Smyslov	(1957-1958)
Tal	(1960-1961)
Petrosian	(1963-1969)
Spassky	(1969-1972)
Fischer	(1972-1975)
Karpov	(1975-1985)
Kasparov	(1985-2000)
Krámnik	(2000-2001)
Ponomariov	(2001)

RELACIÓN DE GRANDES MAESTROS ESPAÑOLES

Arturo Pomar, Jesús Díez del Corral, Juan Manuel Bellón, Orestes Rodríguez, Miguel Illescas, Manuel Rivas, José Luis Fernández, Félix Izeta, Zenón Franco, Alexei Shirov, Jordi Magem, Lluís Comas, David García, Alfonso Romero, Pablo Sansegundo y Francisco Vallejo.

CAPÍTULO 2

El ajedrez es el arte del análisis
(Botvinnik)

El tablero

EL TABLERO: EL CAMPO DE BATALLA

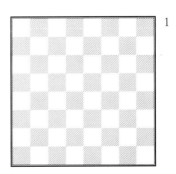

El tablero de ajedrez es el campo de batalla donde se desarrolla la lucha entre los dos contrincantes. La representación gráfica del tablero se llama **diagrama**.

El tablero, como se puede ver en el diagrama 1, es un cuadrado dividido en sesenta y cuatro cuadros llamados **casillas**. La mitad de estas casillas son claras y se llaman **casillas blancas** y la otra mitad son de color oscuro y en lenguaje ajedrecístico se dice que son **casillas negras**.

LA COLOCACIÓN DEL TABLERO

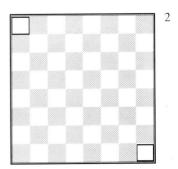

Una partida de ajedrez la disputan dos contrincantes o jugadores que se colocan uno delante del otro, cada uno situado en cada lado del tablero, de tal manera que la **casilla de la esquina inferior derecha tiene que ser blanca**.

CARACTERÍSTICAS DE
UN TABLERO DE AJEDREZ

Las filas

Se llama filas a las ocho líneas que van de un lado a otro del tablero en sentido horizontal, tal como se indica en el siguiente diagrama.

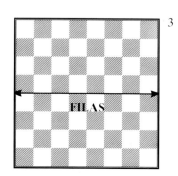

Las columnas

Las líneas de casillas verticales, mirando el tablero desde el punto de vista de los jugadores, reciben el nombre de **columnas**. En total hay ocho **columnas**.

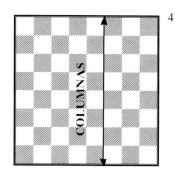

Las diagonales

Las diagonales son las líneas de casillas del mismo color que se encuentran unidas por sus vértices. Existen, pues, **diagonales de casillas blancas y diagonales de casillas negras.**

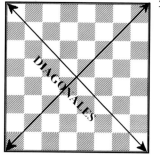

El flanco de rey y el flanco de dama

Es interesante hacer una última división del tablero en dos alas o flancos (el de rey y el de dama), tal y como indica el diagrama número 6, ya que será útil para explicar algunos conceptos del juego.

6

FLANCO DE DAMA   **FLANCO DE REY**

RECUERDA

• *Antes de empezar a colocar las piezas en el tablero, comprueba que el cuadro inferior de tu derecha sea blanco.*

• *El tablero de ajedrez está formado por columnas, filas y diagonales que agrupan un total de 64 casillas (32 casillas claras y 32 casillas oscuras).*

CAPÍTULO 3

Toda pieza de ajedrez
es un símbolo de poder
(Golombek)

Las piezas. Definiciones de jugada y captura

LAS PIEZAS

Ahora que ya conocemos el campo de batalla, vamos a conocer las fuerzas de que dispone cada adversario para combatir. Los dos bandos se distinguen por su color. Las piezas claras se llaman **piezas blancas** y las más oscuras, **piezas negras**.

Cada jugador dispone de un **rey**, una **dama** (la palabra reina no se utiliza demasiado), dos **torres**, dos **alfiles**, dos **caballos** y ocho **peones**. En total, dieciséis piezas para cada contrincante.

La representación gráfica de las piezas es la siguiente:

♘	Caballo blanco	Caballo negro	♞
♗	Alfil blanco	Alfil negro	♝
♕	Dama blanca	Dama negra	♛
♔	Rey blanco	Rey negro	♚
♖	Torre blanca	Torre negra	♜
♙	Peón blanco	Peón negro	♟

COLOCACIÓN DE LAS PIEZAS

Ahora ya estamos en disposición de llenar el tablero vacío con las piezas en la posición de salida, tal y como indica el siguiente diagrama:

Observemos detenidamente la posición de las piezas y coloquémoslas en un verdadero tablero de ajedrez. Las torres se ponen en las esquinas, los caballos a su lado y, al lado de estos, los alfiles. En el centro de la fila, el rey y la dama, pero fijándonos en un importante detalle que nos permitirá colocarlos siempre bien:

Posición de salida

La dama se sitúa siempre, en la posición de salida, en la casilla central de su propio color.

Por ejemplo, si la dama es blanca, la colocaremos en la casilla central de color blanco. Los reyes, por contra, siempre se situarán de salida en el recuadro de color distinto al suyo.

DEFINICIÓN GENERAL DE JUGADA

Una jugada consiste en trasladar una pieza de un cuadro a otro del tablero que esté libre u ocupado por una pieza del oponente (las únicas excepciones son el enroque y la promoción del peón, que veremos en próximos capítulos).

EJECUCIÓN DE LA JUGADA

Si un jugador toca deliberadamente una pieza propia no puede rectificar y es obligatorio moverla. Si toca una pieza contraria y la puede capturar es obligatoria esta captura.

El jugador que lleva las piezas blancas es el que realiza el primer movimiento, ya que así se ha convenido en el reglamento del juego. Para saber cuál de los dos jugadores tiene que llevar las piezas blancas, se hará un sorteo previo y, en caso de jugar diversas partidas, se irá alternando el color de las piezas.

Nunca un jugador puede mover dos veces seguidas, por tanto, se tiene que esperar siempre la respuesta del contrincante para volver a jugar.

COMPONER

El jugador al cual corresponde jugar, puede ajustar la posición de una o diversas piezas en sus casillas, siempre que exprese previamente su intención de hacerlo diciendo la palabra **"compongo"**.

CAPTURAR O MATAR UNA PIEZA

Capturar o matar una pieza contraria significa **desplazar una de nuestras piezas hasta la casilla donde se encuentra la del bando contrario y sacar a ésta fuera del tablero para el resto de la partida.**

También es muy corriente en el lenguaje ajedrecístico hablar de **"comer"** o **"tomar"** una pieza contraria con el mismo significado de matar o capturar.

RECUERDA

- *La dama siempre se sitúa, en la posición de salida, en la casilla central de su propio color.*
- *La primera jugada siempre la efectúa el bando que lleva las piezas blancas.*
- *Un jugador nunca puede mover dos veces seguidas; siempre tiene que esperar la respuesta de su contrincante.*

CAPÍTULO 4

El buen jugador siempre
tiene suerte
(Capablanca)

El movimiento de las piezas

EL MOVIMIENTO DE LAS PIEZAS

A continuación explicaremos el movimiento de cada una de las piezas, así como algunas de sus características más importantes.

EL MOVIMIENTO DE LA TORRE

La torre se desplaza en **línea recta** por las filas o las columnas donde esté situada, hacia delante o hacia atrás, a derecha o izquierda. Comprobemos como, dondequiera que esté del tablero, puede moverse a catorce casillas distintas, siempre que éstas no estén ocupadas por otra pieza.

El siguiente diagrama muestra los posibles movimientos de la torre desde una determinada casilla.

CÓMO CAPTURA LA TORRE

La torre captura de la misma manera que se mueve. Si en su camino encuentra una pieza contraria, puede optar por capturarla, co-

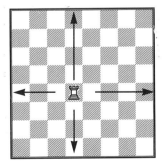

8

locándose donde se encontraba la adversaria y sacándola del tablero.

La torre no puede saltar por encima de una pieza propia o del contrincante, ni tampoco capturar una pieza propia.

El diagrama número 9 nos indica como la torre puede matar a cualquiera de las cuatro piezas que se encuentran en el tablero, o bien optar por hacer otro movimiento, porque **la captura no es obligatoria en ajedrez.**

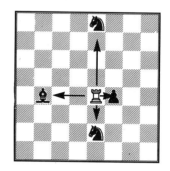

9

EL MOVIMIENTO DEL ALFIL

El alfil, a diferencia de la torre, **sólo puede desplazarse por las diagonales.** De salida, tenemos un alfil que siempre se desplazará oblicuamente por casillas blancas y el otro que lo hará siempre por las casillas negras. Al igual que la torre, se mueve a cualquier distancia, siempre que no haya otra pieza que le impida el paso, ya que no puede saltarla.

El alfil también **captura de la misma forma que se mueve.**

En el siguiente diagrama podemos ver los posibles movimientos del alfil.

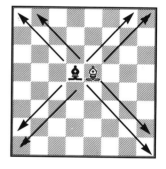

10

EL MOVIMIENTO DE LA DAMA

La dama es la pieza más poderosa, ya que combina los movimientos de la torre y del alfil juntos. Según le convenga, **puede mover como un alfil o como una torre.** Por tanto, la dama se puede trasladar por las diagonales, las filas o las columnas en cualquier dirección, pero, como el alfil y la torre, no puede saltar por encima de las otras piezas, ya sean propias o del contrincante.

En el diagrama 11 podemos ver todos los posibles movimientos de una dama situada en el centro del tablero.

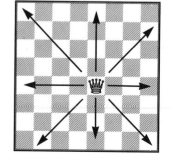

11

La dama captura de la misma manera que se desplaza. Por ejemplo, en el siguiente diagrama podemos ver como la dama puede capturar a un alfil, a un caballo o a un peón enemigo, pero no así a la torre, que no está dentro de su radio de acción.

12

EL MOVIMIENTO DEL REY

A pesar de ser la pieza más importante, porque su captura significa la pérdida de la partida, no es la más poderosa por lo que respecta a su movilidad.

El rey se mueve de la misma manera que la dama, pero con la importante diferencia que **sólo puede desplazarse una casilla cada vez que se mueve**.

En el siguiente diagrama podemos observar los movimientos que puede efectuar el rey desde esta casilla.

El rey captura de la misma manera que se mueve. Si encuentra una pieza contraria situada en una de las casillas a las que se puede acceder, tiene la misma opción que cualquier otra pieza de capturarla.

13

Se ha de tener en cuenta que **el rey nunca puede desplazarse a una casilla dominada por su adversario**, ya que esto está prohibido por el reglamento. En caso de producirse esta circunstancia, el jugador tendrá que efectuar otra jugada con su rey que sea reglamentaria. Si ninguna jugada de rey es reglamentaria, podrá mover cualquier otra pieza con jugada legal.

EL MOVIMIENTO DEL CABALLO

El caballo se caracteriza por su peculiar movimiento, completamente distinto al del resto de las piezas. **El caballo se dice que "salta"**, esto quiere decir que prescinde de las piezas propias o contrarias que haya a su lado, para efectuar su movimiento.

En el siguiente diagrama están señaladas con una "x" las posibles casillas a las que puede acceder el caballo en esta posición.

Podemos tener en cuenta una regla para acordarnos del movimiento del caballo: **su recorrido lo hace en forma de "L"**, es decir, una casilla de frente y dos de lado, o dos de lado y una de frente.

También nos puede ser útil comprobar que la casilla a la que se desplaza un caballo siempre es de un color distinto al de la casilla de la que sale. La única cosa que importa es que la casilla a la que tiene que desplazarse esté libre, es decir, que no haya ninguna pieza que se lo impida.

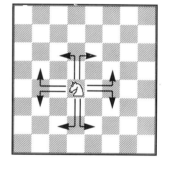

Si la casilla a la que puede acceder el caballo está ocupada por una pieza contraria, tendrá la opción voluntaria de capturarla, o no, según le convenga.

Sin embargo, la mejor manera de familiarizarse con el movimiento del caballo es practicarlo sobre un tablero vacío hasta que no nos quede ninguna duda.

Veamos la representación del movimiento del caballo en forma de **"L"** (diagrama 15), como una regla para recordarlo.

EL MOVIMIENTO DEL PEÓN

El peón es, individualmente, la pieza menos potente. No obstante, su valor no puede ser despreciado, ya que, como veremos, tiene una gran trascendencia en el transcurso de la partida.

El peón **avanza una sola casilla cada vez,** exceptuando el primer movimiento, en el que tiene la opción de dar uno o dos pasos según le convenga. **No existe la posibilidad de jugar dos peones a la vez,** aunque sea una sola casilla, ya que en ajedrez sólo se puede mover una pieza en cada jugada, salvo en el caso del enroque, que ya veremos más adelante.

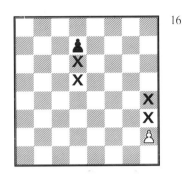

El siguiente diagrama nos muestra las dos casillas a las que puede desplazarse el peón en el momento de la salida. Sea cual sea su movimiento, a partir de aquel momento, ya **tan sólo podrá avanzar un solo paso durante el resto de la partida.**

CÓMO CAPTURA EL PEÓN

El peón captura únicamente en diagonal y efectuando un solo paso. Es la única pieza que toma de un modo distinto de como se mueve. Por este motivo, si encuentra una pieza delante suyo en la misma columna, no puede capturarla ni avanzar.

Por ejemplo, en la posición del diagrama número 17, el peón puede capturar al alfil o a la torre, pero no al caballo que tiene ante sí.

"MATAR AL PASO"

La jugada "matar al paso" se produce cuando uno de los dos bandos avanza un peón dos casillas desde su posición inicial y se encuentra en su camino, a derecha o a izquierda, un peón contrario, que controlaba la casilla intermedia (señalada con una "x" en el diagrama 19) por donde el peón ha pasado. Entonces el peón contrario puede capturarlo opcionalmente sobre esta casilla intermedia.

En los tres diagramas siguientes, podemos comprobar el modo correcto de efectuar esta jugada característica del peón:

En el diagrama 18 el peón negro se encuentra en su casilla inicial y el peón blanco ya ha avanzado tres casillas a la columna contigua.

Si el peón negro opta por jugar dos casillas de salida (diagrama 19), el peón blanco, que se encuentra a su lado, **tiene la opción de capturarlo como si hubiera hecho un solo paso.**

El diagrama 20 muestra la posición resultante después de que el blanco haya optado por tomar al otro peón.

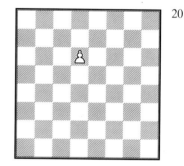

Es preciso dejar bien claro que "tomar al paso" no es obligatorio y, además, **se tiene que hacer en la jugada inmediatamente posterior** a aquella en que el adversario lo ha posibilitado moviendo su peón. En caso de no hacerlo así, perdemos el derecho de tomar ese peón "al paso".

Es importante tener en cuenta que el peón es la única pieza que puede "matar al paso" y que sólo puede hacerlo contra peones contrarios, nunca contra otras piezas.

LA CORONACIÓN DEL PEÓN

Otra característica importantísima del peón es su capacidad por convertirse en cualquier otra pieza (excepto el rey), una vez que ha llegado a la última casilla de la columna por donde estaba avanzando.

En los siguientes diagramas podemos ver como se realiza esta coronación.

El peón colocado en la séptima fila puede avanzar y entonces tiene la opción de convertirse en cualquier otra pieza que no sea ni el rey ni un peón. Normalmente la pieza escogida será la dama. No importa que ya haya piezas iguales sobre el tablero; es posible tener más de una dama o más de dos caballos, torres, etc.

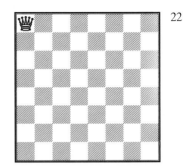

22

RECUERDA

- *Si tocamos una pieza estamos obligados a moverla.*
- *Si hemos soltado la pieza en una casilla, ya no podemos cambiar de movimiento.*
- *Si queremos colocar bien las piezas que no están bien centradas en las casillas que ocupan, tenemos que decir antes de tocarlas la palabra "compongo".*
- *Todas las piezas capturan del mismo modo como se mueven, excepto el peón, que lo hace de manera distinta.*
- *El rey nunca puede desplazarse a una casilla dominada por una pieza contraria.*
- *Un peón que corona puede ser cambiado por la pieza que más convenga, excepto el rey y el propio peón (normalmente una dama, pero no siempre).*

CAPÍTULO 5

*Mientras doy jaque al rey
no temo a ningún jugador*
(Lasker)

El jaque al rey y el mate

EL JAQUE AL REY

El jaque se produce cuando el rey se encuentra en una casilla dominada por una pieza del bando contrario, como consecuencia de la última jugada del adversario. Como ya habíamos visto, el rey no puede ser capturado en un descuido de uno de los jugadores. Por ello, cuando uno de los reyes se encuentra amenazado es obligatoria una de las siguientes jugadas:

1) Mover el rey a otra casilla que no se encuentre amenazada.

2) Interceptar (cubrir) el jaque con una de nuestras piezas.

3) Capturar la pieza que nos está amenazando.

23

En el diagrama número 23 se ve como la dama blanca está dando jaque al rey negro. En este caso, la única manera de evitar esta amenaza es moviendo el rey a una de las casillas marcadas con una cruz, las cuales no están controladas por ninguna pieza enemiga.

Por contra, en el siguiente diagrama podemos observar como el bando negro puede optar por cualquiera de las tres opciones que antes comentábamos. Por un lado, puede capturar con el alfil a la pieza que está dando jaque al rey. También puede interceptarse la amenaza, **cubriendo** al rey con la torre, o, por último, tiene la opción de mover el rey a una de las casillas no dominadas por el enemigo.

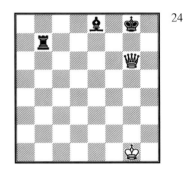

24

EL JAQUE MATE

Sólo en el caso que no pueda eludirse la amenaza directa al rey, mediante alguna de las tres maneras posibles estudiadas, se dice que se ha producido **el jaque mate** y la partida ha sido ganada por el jugador que lo ha conseguido.

En los tres diagramas siguientes se ven tres posiciones típicas de **mate**:

25

Comprobemos como en ningún caso es posible salvar al rey de la amenaza del contrincante: no hay ninguna casilla donde ir que esté libre de amenazas, no se puede capturar la pieza que está dando jaque, ni tampoco hay la posibilidad de cubrir al rey de ninguna manera.

26

Fijémonos en el caso del diagrama número 27: cuando es un caballo o un peón el que
está dando jaque al rey, no se puede cubrir
con una pieza propia esta amenaza, ya que resulta imposible dadas las características especiales del movimiento del peón y del caballo.

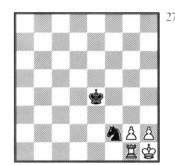

27

RECUERDA

- *El rey se encuentra en jaque cuando la casilla que ocupa es atacada por una o dos piezas contrarias.*

- *El jaque tiene que ser contrarrestado ineludiblemente en la siguiente jugada. Si no se puede evitar, se dice que es jaque mate.*

- *Según el actual reglamento de juego no es obligatorio avisar el jaque al rey, aunque es muy corriente hacerlo en partidas amistosas.*

CAPÍTULO 6

El cambio es el alma del ajedrez
(Kieninge)

El valor de las piezas y los cambios

EL VALOR DE LAS PIEZAS

En el transcurso de la partida, más tarde o más temprano, se capturan piezas de ambos bandos contendientes. Por ello, es imprescindible conocer el valor de cada una de estas piezas.

Existe un baremo simplificado que tenemos que tomar con ciertas reservas, porque en ajedrez, **es necesario valorar cada situación en concreto para tomar una decisión acertada**. No obstante, podemos afirmar que, en un tanto por ciento elevadísimo de los casos, esta valoración es muy exacta y nos será de gran utilidad:

El peón   =   1 punto
La dama   = 10 puntos
La torre   =   5 puntos
El alfil   =   3 puntos
El caballo =   3 puntos

Observemos como no tiene sentido tipificar el valor del rey, ya que esta pieza no puede ser capturada a cambio de otra y, por tanto, no se le puede otorgar un valor de cambio.

Podemos comprobar que la valoración de las piezas está hecha en función de su movilidad y de su poder por dominar casillas. Cuantas más casillas puede controlar una pieza, mayor valor tiene.

LOS CAMBIOS

Con estas puntuaciones ya podemos establecer ciertas relaciones a la hora de capturar una pieza contraria a cambio de una propia, lo que en ajedrez se llama **un cambio de piezas**. Por ejemplo, muchas veces, será correcto el cambio de un caballo por un alfil, o bien de una dama por dos torres, o un alfil por tres peones, etc.

Los cambios más habituales son los siguientes:

Caballo	= Alfil = Tres peones
Dama	= Dos torres = Tres piezas menores
Torre	= Alfil o caballo + dos peones
Torre + peón	= Dos piezas menores (las piezas menores son el alfil y el caballo)

Pero estos y otros cambios **no son nunca aconsejables, a no ser que proporcionen algún tipo de ventaja en la posición**.

Cuando se produce un cambio en el que un bando obtiene una pieza de más valor, por otra de menos valor, o cuando nos descuidamos dejando que nos capturen una pieza sin ninguna contrapartida, otorgamos al adversario una **"ventaja material"**. Esta ventaja supondrá en la mayor parte de las ocasiones la pérdida de la partida.

Por ejemplo, el cambio de un alfil o de un caballo por una torre supone una pérdida de material llamada **"calidad"**. Así, podemos oír decir a menudo a los ajedrecistas que han **"ganado o perdido una calidad"**. La calidad equivale a dos puntos (5 puntos que vale la torre, menos 3 puntos que vale el caballo o el alfil = 2 puntos).

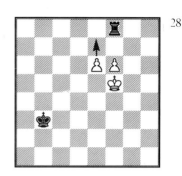

A pesar de todo, en el ajedrez, no tan sólo la ventaja material decidirá el final de la partida, sino también la **posición de las piezas y de los peones en el tablero**. Por ejemplo, no es lo mismo tener un peón situado en la segunda casilla que en la séptima, o un caballo en el centro del tablero, donde domina muchas casillas, que en una esquina, donde controla muy pocas.

En la posición del diagrama 28 la torre vale menos que los dos peones, ya que no puede impedir que uno de los dos corone.

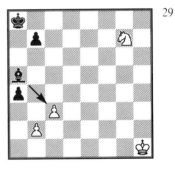

En el segundo ejemplo (diagrama 29), puede cambiarse el alfil por un peón ya que, en caso de ser capturado, un peón negro llegaría a coronar.

Como en un campo de batalla de verdad, lo que interesa en una partida de ajedrez es tener más efectivos que nuestro adversario.

Cuanto más poderosas y mejor situadas estén nuestras piezas (dominando el mayor número de casillas posible) más ventaja tendremos con vistas al triunfo final.

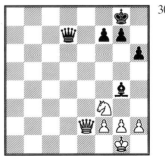

El diagrama 30 nos muestra un cambio que no supone una ventaja material para ninguno de los dos contrincantes, mientras que el diagrama 31 nos indica la manera de hacer un cambio desigual con la consiguiente ventaja material.

Cambio igual (diagrama 30)

El alfil negro toma el caballo y la dama blanca, el alfil.

Cambio desigual (diagrama 31)

El alfil es cambiado por una torre.

31

RECUERDA

• *El valor de las piezas es relativo, depende siempre de la posición en que se encuentren en el tablero.*

• *Los cambios sólo han de hacerse cuando nos proporcionen algún tipo de ventaja.*

CAPÍTULO 7

*El enroque es el mejor camino
de una vida ordenada*
(Tartakower)

El enroque

EL ENROQUE

El enroque es una jugada diferente de cualquier otra del juego del ajedrez. Es el único movimiento en el cual se pueden mover dos piezas a la vez, el rey y una de las torres.

Cuando se hace el enroque, el rey se desplaza dos casillas hacia su derecha o hacia su izquierda y la torre se mueve en sentido inverso, quedando colocada a su lado, tal y como indican los diagramas siguientes.

En los diagramas 34 y 35 se ve cómo queda la posición del rey y de la torre en el tablero después de efectuar la jugada del enroque.

32

Enroque corto

33

Enroque largo

Cuando el enroque se realiza con la torre de rey (torre situada en el flanco de rey), se denomina enroque corto y cuando se hace con la torre de dama (situada en el flanco de dama), se denomina enroque largo.

Es necesario indicar que **sólo se puede enrocar una vez en el transcurso de una partida**.

34

FINALIDAD DEL ENROQUE

La finalidad de haber creado esta jugada tan característica es la de poder amparar al rey de posibles ataques del adversario y la de poner más rápidamente en juego una de las torres.

Hace siglos, los jugadores de ajedrez se dieron cuenta de que el rey estaba más seguro en un extremo del tablero, protegido por sus propios peones y piezas, que no en el centro, donde el juego estaba más abierto. Para poder trasladar al rey a una esquina del tablero y, además, poner en juego la torre, se necesitaba un gran número de movimientos. Debido a este importante descubrimiento, surgió en el siglo XV la idea de crear esta jugada tan original, llamada enroque.

35

LAS REGLAS PARA PODER REALIZAR EL ENROQUE

Hay una serie de circunstancias reglamentarias que impiden llevar a término la jugada del enroque; son las siguientes:

1) **No puede hacerse la jugada del enroque cuando al rey le están haciendo jaque** (diagrama 36), aunque sí lo podrá hacer en jugadas posteriores, si no incumple una de las otras reglas.

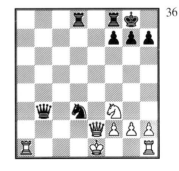

36

2) **Cuando se ha movido el rey, aunque haya vuelto a su posición inicial** (diagrama 37)

El rey blanco se ha movido una casilla a su derecha, por lo tanto ya no podrá efectuar ni el enroque largo ni el corto.

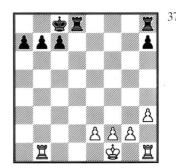

3) **Cuando se ha movido la torre, aunque haya vuelto a su posición inicial** (diagrama 38). Sí que podemos, en cambio, enrocar con la otra torre, si ésta aún no ha sido movida.

Las torres blancas se han movido y por tanto no se podrá hacer el enroque corto ni el largo por parte de este bando. En cambio el negro, si no ha movido la torre del flanco de dama, aún conserva el derecho a hacer el enroque largo.

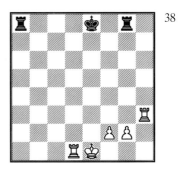

4) **Cuando el rey, al efectuar el enroque, tiene que pasar por una casilla dominada por una pieza contraria.** En cambio, no tiene importancia que la torre pase por una casilla dominada por las piezas del adversario (diagrama 39).

No se puede hacer el enroque largo mientras el alfil negro domine la casilla del lado izquierdo del rey blanco, por donde tendría que pasar el rey para enrocarse.

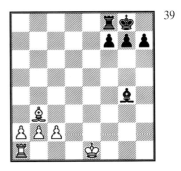

5) **Cuando esté ocupada, por una pieza propia o del adversario, una casilla por la que tiene que pasar el rey o la torre al efectuar el enroque** (diagrama 40).

El rey blanco no puede llevar a cabo el enroque largo, porque hay un caballo que ocupa una casilla por la que tendría que pasar en caso de querer efectuar esta jugada. El enroque corto tampoco es posible por el mismo motivo, ya que el alfil blanco corta el paso a su propio rey.

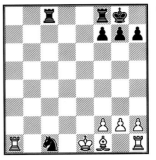

RECUERDA

• *El enroque es una sola jugada, aunque se muevan dos piezas a la vez.*

• *El enroque se considera una jugada de rey y, por tanto, se tiene que tocar antes el rey que la torre o, en todo caso, las dos piezas simultáneamente. Si se toca primero la torre, el adversario puede obligarnos a mover la torre y no podremos enrocar por aquel flanco.*

• *El enroque será una jugada ilegal, si se ha movido el rey o la torre con la que se quiere enrocar.*

CAPÍTULO 8

*La jugada más importante en
ajedrez, como en la vida, es
aquélla que ya hemos realizado*
(Tartakower)

Notación de las jugadas: Diferentes sistemas de notación

LA NOTACIÓN DE LAS JUGADAS

El ajedrez cuenta con diversos sistemas de notación que permiten registrar por escrito el desarrollo de una partida.

La notación de las jugadas ha permitido la rápida evolución de la teoría del juego y la producción de una ingente bibliografía ajedrecística.

El conocimiento de estos sistemas de notación es imprescindible, tanto para poder analizar y reproducir las partidas propias, como para disfrutar y estudiar las partidas magistrales de los maestros de ajedrez de todos los tiempos.

La notación de las partidas es obligatoria en competiciones oficiales, ya que es el documento que permite la comprobación de cualquier incidencia que pueda producirse durante el transcurso de la partida.

Los dos principales sistemas de notación son el **descriptivo** y el **algebraico** y es necesario el conocimiento de ambos para la comprensión de la totalidad de libros y revistas especializadas.

EL SISTEMA ALGEBRAICO ABREVIADO

Es el sistema de notación más simple y rápido, así como también el oficial de la Federación Internacional de Ajedrez.

Para anotar una jugada, en primer lugar se hacer referencia a la pieza que se mueve (salvo el peón), y en segundo lugar, se indica el nombre de la casilla a la que irá a parar esta pieza.

Para representar la pieza que se mueve, usaremos la siguiente simbología:

R = Rey
D = Dama
A = Alfil
C = Caballo
T = Torre

En el sistema algebraico, cuando queremos indicar que se mueve un peón, simplemente, no pondremos ninguna inicial; tan sólo la letra y el número que corresponda.

El nombre de cada casilla se determina de una manera muy simple, como si se tratase del "juego de los barcos". Las filas se numeran del 1 al 8 y las columnas se denominan con letras minúsculas siguiendo el abecedario.

De esta manera, **cada casilla tiene su nombre**, que se determina mediante la intersección de una columna (una letra) y una fila (un número) (diagrama 41).

41

La notación de las jugadas consistirá, pues, en poner en primer lugar la inicial de la pieza que se mueve (en el caso del peón no pondremos ninguna inicial) y en segundo lugar el nombre de la casilla donde irá a parar esta pieza.

En caso de confusión, es decir, cuando dos o más piezas iguales puedan ir a una misma casilla, se indicará la columna o la fila de origen de donde sale la pieza que queremos mover. Para indicar una captura se utilizará el símbolo "x", pero todo esto lo veremos ahora con la reproducción de algunas jugadas.

Por ejemplo, si movemos el peón que se encuentra delante del rey dos casillas, tal y como vemos en el diagrama número 42, la jugada se escribirá: **e4**. Por el hecho de tratarse de un peón no se pone ninguna inicial, sólo el nombre de la casilla a donde irá a parar el peón.

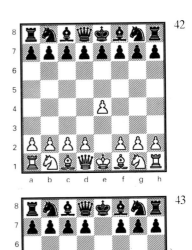

Veamos ahora un ejemplo de una de las partidas más famosas de la historia del ajedrez, el llamado **mate del pastor**:

1. e4, e5

La jugada del negro se lee: "e cinco".

2. Dh5, Cc6

La segunda jugada del blanco y del negro se lee, respectivamente: "dama hache cinco" y "caballo ce seis").

3. Ac4, Cf6 ("alfil ce cuatro", "caballo efe seis")

4. Dxf7 mate (dama por efe siete").

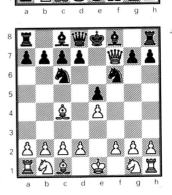

Posición de mate

EL SISTEMA ALGEBRAICO COMPLETO

El sistema de notación algebraico se puede hacer también de una manera más larga y poco utilizada, pero que tenemos que mencionar para conocer su existencia.

En este sistema completo, anotamos, además de la casilla a la que se mueve la pieza, la casilla de donde sale. Por ejemplo, si se juega el peón que está delante del rey dos casillas, la jugada se anotará de la siguiente manera:

1. e2-e4

Donde **"e2"** es la casilla en la que se encuentra el peón antes de ser movido y **"e4"** es la casilla a donde se ha trasladado el peón.

La partida del ejemplo anterior se reproduciría de la siguiente manera:

1. e2-e4, e7-e5

2. Dd1-h5, Cb8-c6

3. Af1-c4, Cg8-f6

4. Dh5xf7 mate.

EL SISTEMA DESCRIPTIVO

De la misma manera que el sistema algebraico, el sistema descriptivo indica en primer lugar la pieza que se mueve. Se utiliza la misma simbología del sistema algebraico para indicar qué pieza se juega, añadiendo la del peón, que en este sistema tiene su símbolo propio.

Así, tendremos que:

P = Peón

También en este sistema se especifica el nombre de la casilla a donde va a parar la pieza que se mueve, pero con dos importantes diferencias:

1) El número de la fila variará según sea el jugador blanco o el negro el que efectúe su jugada. **Existe el punto de vista del negro y el del blanco.**

2) Las columnas se designan con las iniciales de las piezas que las ocupan en la posición de salida del juego. Por ejemplo, la columna en la que se encuentran los reyes antes de efectuar el primer movimiento de la partida, se denomina columna de rey, donde están las damas, columna de dama, etc.

En el diagrama 45 se pueden observar las iniciales y la numeración de las filas y las columnas:

Observemos que hay dos numeraciones, según se mire el tablero desde el punto de vista del jugador blanco o del negro.

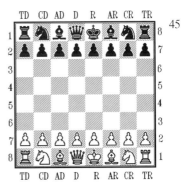

45

Cada columna recibe los siguientes nombres:

TD	=	**Torre de dama**
CD	=	**Caballo de dama**
AD	=	**Alfil de dama**
D	=	**Dama**
R	=	**Rey**
AR	=	**Alfil de rey**
CR	=	**Caballo de rey**
TR	=	**Torre de rey**

En esta sistema de notación la casilla que denominábamos **"e4"** en el sistema algebraico, aquí se llamará **"4R"** ("cuatro rey"), desde el punto de vista de las blancas y **"5R"** ("cinco rey"), desde el punto de vista de las negras.

La famosa partida del mate del pastor se representaría según el sistema descriptivo de la siguiente manera:

1. P4R, P4R (se lee "peón cuatro rey")

2. D5T, C3AD (se lee "dama cinco torre" y "caballo tres alfil dama")

En la segunda jugada no es necesario poner **D5TR**, porque no puede haber confusión con **D5TD**, dado que la dama no puede ir a la casilla **5TD**.

3. A4A, C3A (se lee "alfil cuatro alfil" y "caballo tres alfil").

Únicamente este caballo puede ir a la casilla "**3A**", por tanto, no es necesario anotar **C3AR**, sino simplemente **C3A**.

4. DxPA mate (se lee "dama por peón alfil").

Observemos que en la última jugada se ha utilizado el signo "x" para indicar que se efectúa una captura.

EL RESTO DE LOS SÍMBOLOS DE NOTACIÓN

Además de los símbolos descritos, existen una serie de símbolos complementarios, válidos para todos los sistemas de notación, que son los siguientes:

x	=	captura
0-0	=	enroque corto
0-0-0	=	enroque largo
+	=	jaque
++	=	jaque mate
a.p.	=	tomar "al paso"
!	=	jugada buena
?	=	jugada mala

??	=	jugada muy mala
?!	=	jugada dudosa (no está claro que sea buena o mala)
!!	=	jugada muy buena

UN EJEMPLO DE PARTIDA CON LA SIMBOLOGÍA COMPLETA

A continuación pondremos como ejemplo otra partida muy conocida por los ajedrecistas: **el mate de Legal**, llamado así porque se atribuye su invención a Legal, que era el mejor jugador francés de la época anterior a Philidor.

Sistema algebraico

1. e4, e5
2. Cf3, d6
3. Ac4, Ag4
4. Cc3, g6?
5. Cxe5!, Axd1??
6. Axf7+, Re7
7. Cd5++

Sistema descriptivo

1. P4R, P4R
2. C3AR, P3D
3. A4A, A5C
4. C3A, P3CR?
5. CxP!, AxD??
6. AxP+, R2R
7. C5D+

Diagrama después de la última jugada:

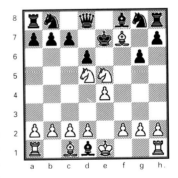

46

JUGADAS QUE PUEDEN PRESTARSE A CONFUSIÓN

Como ya habíamos indicado, en el caso de que dos piezas iguales (por ejemplo dos caballos, o dos torres) puedan ir a una misma casilla, es necesario algún tipo de distinción para saber qué pieza es la que se quiere mover.

Por ejemplo, en el diagrama 47, el jugador blanco quiere mover la torre a la casilla "d1", pero ambas torres pueden ir; por eso hacemos la distinción de la siguiente manera:

En el sistema algebraico la jugada se anotará: **Ta1-d1** (o, sencillamente, **Ta-d1**), con lo cual queda definido que es la torre de la casilla "a" la que se quiere mover, tal como se hacía en el sistema algebraico completo.

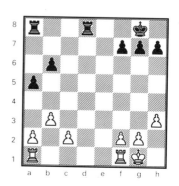

47

En el sistema descriptivo la jugada se anotaría: **TD-1D** (con lo cual se indica que se quiere mover la torre situada en el flanco de dama).

RECUERDA

• *En partidas oficiales es obligatorio anotar las jugadas.*

• *En el transcurso de una partida está prohibido utilizar cualquier tipo de ayuda manuscrita, impresa o grabada, así como recurrir a consejos, avisos u opiniones de otras personas.*

CAPÍTULO 9

Quien nunca asume un
riesgo, jamás ganará una
partida de ajedrez
(P. Keres)

Las tablas. El rey ahogado

LAS TABLAS

Cuando ninguno de los dos jugadores consigue hacer un jaque mate a su adversario, la partida finaliza en **tablas**. Esto quiere decir que se ha producido un empate, independientemente de la ventaja material que haya sobre el tablero.

¿ CUÁNDO SE PRODUCE EL RESULTADO DE TABLAS?

Hay una serie de razones reglamentarias por las que se produce el resultado de tablas:

1) En caso de rey ahogado (que estudiaremos en el apartado siguiente).

2) Por acuerdo entre los dos jugadores.

3) De acuerdo con la reclamación de uno de los dos jugadores, cuando la misma posición se ha repetido tres veces.

4) Cuando uno de los jugadores lo solicite por haberse hecho cincuenta jugadas sin que se haya capturado ninguna pieza, ni se haya avanzado ningún peón. El número de jugadas se puede aumentar para determinadas posiciones, siempre que hayan sido fijadas por el Reglamento Internacional de Ajedrez.

5) Cuando no haya piezas suficientes para que uno de los dos contrincantes pueda hacer jaque mate a su adversario, p. ej.:

a) Rey contra rey
b) Rey y alfil contra rey
c) Rey y caballo contra rey
d) Rey y alfil contra rey y alfil, cuando ambos alfiles van por casillas del mismo color.

EL REY AHOGADO

La partida de ajedrez acaba en tablas cuando **el bando al que le corresponde jugar, sin estar su rey en jaque, no puede realizar ninguna jugada legal.**

Por ejemplo, en los diagramas 48 y 49 corresponde jugar al negro y no puede hacer ninguna jugada, ya que todas las casillas a las que puede ir el rey están dominadas. En el caso del diagrama 49 tampoco pueden moverse las otras piezas de que dispone el bando negro.

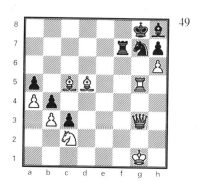

Las posiciones de tablas por ahogado son bastante corrientes entre los principiantes, cuando después de conseguir una importante ventaja material caen en "la trampa" de las tablas por ahogado. La manera más efectiva de evitar este tipo de tablas, tan desagradable para el bando que tiene la ventaja material, es, simplemente, **fijarse: no precipitarse** al jugar.

Pongamos, pues, en práctica una de las reglas básicas para jugar una partida de ajedrez:

En el ajedrez se ha de pensar siempre antes de hacer una jugada, nunca hemos de precipitarnos por muy ganada y sencilla que parezca la posición.

Esta norma nos puede ahorrar un gran número de derrotas o de tablas no deseadas.

RECUERDA

- *Si pides tablas a tu contrincante, no puedes retirar la petición hasta que responda o bien haga su jugada.*

- *Cuando a uno de los dos bandos sólo le quede el rey, ten cuidado, hay riesgo de hacer tablas por ahogado.*

CAPÍTULO 10

*Lo más difícil en el ajedrez es
ganar una partida ganada*
(Lasker)

Los mates básicos

INTRODUCCIÓN

Los mates básicos son aquellos en los que un bando tiene sólo el rey, mientras que el otro bando dispone de una o más piezas para dar jaque mate.

Es muy importante conocer este tipo de mates, porque se presentan a menudo en muchas partidas.

Las únicas piezas que permiten dar jaque mate al rey adversario acompañadas sólo del rey son la torre y la dama. Es decir, no podemos hacer mate con un alfil, ni con un caballo. Las combinaciones mínimas de piezas para dar jaque mate son las siguientes:

– Rey y dama
– Rey y torre
– Rey y dos alfiles
– Rey y alfil y caballo
– Rey y peón (siempre y cuando el peón pueda coronar).

No se puede dar jaque mate sólo con dos caballos, salvo alguna posición muy concreta, que casi nunca se produce en la práctica.

Dos torres dan jaque mate al rey adversario sin la ayuda del propio rey.

Reglamentariamente, en los casos antes mencionados, el bando que sólo dispone del rey puede exigir que el rival le haga jaque mate en un máximo de cincuenta movimientos. Si no lo consigue, la partida será declarada tablas.

MATE DE REY Y DOS TORRES CONTRA REY

Empezamos por este mate porque es el más fácil de ejecutar, de los cinco que veremos. Las torres, a lo largo de las columnas o las filas, van arrinconando al rey adversario hacia una de las bandas del tablero.

Veamos el ejemplo del diagrama 50:

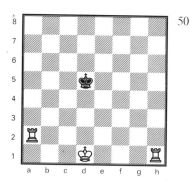

1. Th4 (de esta manera el rey negro ya no puede pasar a las columnas 1, 2, 3 y 4); **1. ...,** **Re5; 2. Ta5+, Rf6** (las torres de forma escalonada van reduciendo el espacio al rey adversario); **3. Th6+, Rg7** (el siguiente paso será jugar Ta7+, pero antes se tiene que alejar la torre que está amenazada por el rey); **4. Tb6, Rf7; 5. Ta7+, Re8; 6. Tb8++** (diagrama 51).

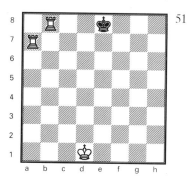

Este mate es conocido como el mate de la escalera, porque las torres van arrinconando al rey enemigo peldaño a peldaño hasta darle jaque mate.

MATE DE REY Y DAMA CONTRA REY

Partiremos de la posición que nos muestra el diagrama 52:

El objetivo será encerrar al rey negro en un lado del tablero. Ello se puede conseguir sin mover el rey blanco y sin dar un solo jaque.

Hay que tener mucho cuidado con este jaque para no ahogar al rey cuando está en un rincón del tablero.

1. Dh4 (cortando el paso del rey a un lado del tablero) **1. ..., Rd5; 2. Df4** (fijaos bien que la dama se coloca a "salto de caballo" del rey); **2. ..., Rc5; 3. De4** (reduciendo el espacio del rey negro); **3. ..., Rb5; 4. Dd4, Rc6** (si 4. ..., Ra5; 5. Db2 y el rey ya estaría encerrado en un lado); **5. De5, Rb6; 6. Dd5, Rc7; 7. De6, Rb7; 8. Dd6, Rc8; 9. De7** (el primer objetivo ya se ha cumplido, ahora será necesario acercar al rey para ayudar a la dama a dar el mate), **Rb8; 10. Rc2** (ya no hace falta jugar la dama a "salto de caballo" porque cuando el rey blanco llega a la casilla b6 el mate es inevitable. No era correcto el plan 10. Dd7, Ra8; 11. Dc7?? y ¡ahogado!), **10. ..., Rc8; 11. Rc3, Rb8; 12. Rc4, Ra8; 13. Rc5, Rb8; 14. Rb6, Ra8; 15. Db7 mate** (diagrama 53).

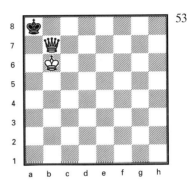

53

MATE DE REY Y TORRE CONTRA REY

En este mate la acción conjunta del rey y la torre reducen al rey solitario a un lado del tablero. Es más laborioso que el mate con la dama.

El método que seguiremos será enfrentar el rey enemigo con el nuestro a una casilla de distancia y, entonces, la torre dará un jaque lateral que desplazará al rey contrario hacia atrás.

En este mate el rey es el principal protagonista.

Veamos un caso práctico reflejado en el diagrama 54:

54

1. Ta4 (es preciso limitar la movilidad del rey a un lado del tablero), **1. ..., Rd5; 2. Rd2, Re5; 3. Rd3, Rf5; 4. Re3, Rg5; 5. Rf3** (para conseguir que el rey negro se enfrente al blanco, es necesario situar a este último a "salto de caballo", preferiblemente hacia el lado en que se encuentra la torre) **5. ..., Rh5; 6. Rg3, Rg5; 7. Ta5+, Rf6; 8. Rg4, Re6; 9. Rf4, Rd6; 10. Re4, Rc6; 11. Rd4, Rb6; 12. Th5;** retiramos la torre dentro de la misma fila pero tan lejos como sea posible) **12. ..., Rc6; 13. Tg5** (este movimiento se denomina "**tiempo de espera**" y sirve para continuar con la posibilidad de tener a los reyes a salto de caballo y que le toque jugar al negro), **13. ..., Rb6; 14. Rc4, Ra6; 15. Rb4, Rb6; 16. Tg6+, Rc7; 17. Rb5, Rd7; 18. Rc5, Re7; 19. Rd5, Rf7; 20. Ta6, Re7; 21. Tb6, Rf7; 22. Re5, Re7; 23. Tb7+, Rf8; 24. Re6, Rg8; 25. Rf6, Rh8; 26. Rg6, Rg8; 27. Tb8 mate** (diagrama 55).

MATE DE REY Y DOS ALFILES CONTRA REY

Tal y como veíamos en los mates anteriores, los alfiles tienen que intentar arrinconar al rey hacia un lado del tablero, lo que se conseguirá con el control escalonado de las diagonales y la ayuda del rey blanco.

Pero mejor que veamos un ejemplo en la posición del diagrama 56.

1. Rb2, Rd4; 2. Af3, Rd3; 3. Af4, Rd4; 4. Rc2, Rc4; 5. Ae3, Rb5; 6. Rb3, Ra6; 7. Rc4 (un gravísimo error sería 7. Rb4, con lo que ahogaríamos al rey adversario), **Ra5; 8. Ab7, Ra4; 9. Ab6, Ra3; 10. Rc3, Ra4; 11. Ac6+, Ra3; 12. Ac5+, Ra2; 13. Ae4, Ra1; 14. Rc2, Ra2; 15. Ad5+, Ra1; 16. Ad4++** (diagrama 57).

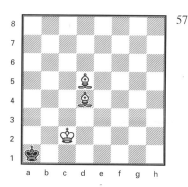

MATE DE REY, ALFIL Y CABALLO CONTRA REY

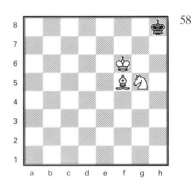

Este final no se presenta demasiado en la práctica; es interesante, sin embargo, su conocimiento para dominar las cualidades combinadas del alfil y el caballo cuando trabajan juntos.

Para poder hacer el mate, será necesario arrinconar al rey adversario en una casilla del mismo color que las casillas por las que se mueve el alfil.

Examinemos el ejemplo del diagrama 58.

El rey está ya arrinconado en una de las bandas, pero ésta es de distinto color al de las casillas por las que se desplaza el alfil y, por lo tanto, lo tendremos que trasladar a la otra esquina.

1. Cf7+, Rg8; 2. Ae4 ("jugada de espera") **Rf8; 3. Ah7, Re8; 4. Ce5, Rf8; 5. Cd7+, Re8; 6. Re6, Rd8; 7. Rd6, Re8; 8. Ag6+, Rd8; 9. Cc5, Rc8; 10. Ae8** (evitando que el rey se vaya hacia el otro lado)**, Rd8; 11. Ac6, Rc8; 12. Ad7+, Rb8; 13. Rc6, Ra7; 14. Rc7, Ra8; 15. Ac8, Ra7; 16. Cd7, Ra8; 17. Ce5, Ra7; 18. Cc6+, Ra8; 19. Ab7 mate.**

RECUERDA

• *Juega siempre limpio.*

• *No distraigas ni molestes a tu adversario.*

• *Acepta la derrota sin protestas ni justificaciones.*

• *Si tocas una pieza, tienes que jugarla. Si has soltado una pieza, no quieras rectificar: no es reglamentario ni ético.*

CAPÍTULO 11

*Nunca confíe en que su
adversario cometa un error,
piense que hará siempre la
mejor jugada posible*
(Kotov)

La apertura

CONCEPTO DE APERTURA

Una partida de ajedrez se divide en tres fases: **la apertura, el medio juego y el final.** Sobre el medio juego y el final trataremos en próximos capítulos.

La apertura es la fase inicial de una partida de ajedrez. En general diez o doce movimientos tendrían que ser suficientes para "poner en juego" las piezas. Aunque no existe una regla fija que determine cuándo acaba la fase de la apertura de una partida, se considera que ésta finaliza cuando se hayan sacado la totalidad, o una parte importante, de las piezas de sus casillas de origen.

EL DOMINIO DEL ESPACIO Y EL DESARROLLO DE LAS PIEZAS

La primera regla básica para jugar la apertura, y en general toda la partida de ajedrez, **es conseguir el objetivo del dominio del espacio a través del desarrollo de las piezas. Es decir, que las piezas han de controlar el mayor número de casillas posible y las más importantes.**

Todo esto es lógico, si pensamos que el ajedrez representa una batalla donde el tablero es el campo en el que se desarrolla la lucha y las piezas son el ejército. Cuanto más espacio conquisten las piezas, más dominio ejercerán en el campo de batalla y más fácil será ganar la partida.

REGLAS BÁSICAS DE LA APERTURA

A continuación enunciaremos diez reglas para jugar bien cualquier apertura. Estas normas son orientativas, y aunque no siempre se puedan cumplir, son de gran ayuda para saber cómo actuar en esta primera fase del juego:

1) **Empieza el juego con el movimiento de los peones de dama o de rey hacia las casillas "e4" o "d4".** Con cualquiera de estos dos movimientos se dominan casillas centrales y se abre el paso al desarrollo de las piezas.

2) **Es muy importante poner en juego los caballos lo más pronto posible.** Los motivos de esta regla se basan en el hecho de que los caballos son más "lentos" que las otras piezas y necesitan muchas jugadas para pasar de un lado a otro del tablero. Además, los caballos se han de centralizar, para que puedan dominar más casillas y acudir más rápidamente a cualquier lugar del tablero.

3) **Si es posible, haz jugadas de desarrollo que además constituyan una amenaza para el adversario.** De esta manera se obliga al contrincante a defenderse, ya desde un principio. Por ejemplo, después de las jugadas **1. e4, e5,** es bueno para el blanco jugar **2. Cf3,** porque además de desarrollar una pieza, amenaza al peón de "e5".

4) **No hagas demasiados movimientos de peones en la apertura**, porque retrasa el desarrollo de las piezas. Además, los peones no pueden retroceder una vez se hayan movido y, por lo tanto, se ha de ir con mucho cuidado al jugarlos.

5) **No desarrolles prematuramente la dama**, ésta puede ser amenazada fácilmente cuando el contrincante tiene todas sus piezas. El orden correcto, en general, según el cual deben salir las piezas de sus casillas de origen, es el siguiente: primero uno o dos peones centrales, después los caballos y los alfiles, a continuación se efectúa el enroque y por último se mueven la dama y las torres.

6) **Enroca tan pronto como sea posible** para proteger al rey y poner en acción a la torre con la cual se enroca.

7) **No efectúes pérdidas de tiempo**. Por ejemplo, moviendo varias veces una misma pieza, porque esto retrasa el desarrollo de las otras piezas.

Cuando en ajedrez decimos que hemos ganado o perdido **un tiempo**, nos referimos al número de jugadas de **desarrollo**.

En general, el bando que tenga más tiempo de desarrollo tiene mejor posición y mejores perspectivas de ganar la partida.

8) **Haz jugadas para dominar el centro del tablero**, que como ya se ha dicho es la base de operaciones durante toda la partida.

9) **Juega con un plan u objetivo concreto desde el principio**. Esto significa escoger las casillas más adecuadas para cada pieza y llevarlas allí en el menor número de jugadas posible, siempre con una finalidad concreta.

10) **Recuerda que el ajedrez es un juego para pensar** y que, al igual que en el resto de la partida, si jugamos rápido y a la ligera seguro que perderemos. Antes de cada movimiento, es necesario fijarse bien.

Todas estas reglas generales pueden alterarse, cuando sea necesario, por la posición concreta que se presente en la partida. Como verás cuando estudies la teoría de las aperturas, algunas de las normas anteriores no se cumplen estrictamente, pero siempre es para conseguir algún objetivo alternativo importante.

LA TEORÍA DE LAS APERTURAS

Los primeros movimientos de ambos contrincantes, que son los que caracterizan los esquemas de toda la partida, son designados con el nombre de su creador, del jugador que consiguió popularizarlos o del lugar donde se jugaron por primera vez.

Sería imposible realizar un estudio detallado de las aperturas en este libro, ya que es un tema muy extenso. Nos limitaremos a clasificarlas y a denominar las más importantes.

En general se pueden dividir las aperturas de la siguiente manera:

Aperturas abiertas: Son aquellas que empiezan con las jugadas **1. e4, e5**. Estas aperturas se caracterizan porque, en general, predomina el juego combinativo con el cálculo de jugadas con objetivos a corto plazo ya desde el principio de la partida.

Aperturas cerradas: Son aquellas que empiezan con cualquier jugada que no sea **1. e4**. En este tipo de aperturas predomina el juego estratégico y las maniobras posicionales, donde los planteamientos se hacen a largo o medio plazo.

Aperturas semiabiertas: Son aquellas que empiezan con la jugada **1. e4** y cualquier respuesta del negro que no sea **1. ..., e5**. Combinan las características de las aperturas abiertas y cerradas.

EL ESTUDIO DE LA TEORÍA DE LAS APERTURAS

Existen más de cincuenta aperturas conocidas que dan lugar a centenares de variantes que sería imposible de conocer, aunque estudiásemos todas las horas de una vida. ¿Qué se tiene que hacer, pues, para tener un conocimiento suficiente de la teoría de las aperturas?

1) **Escoger las aperturas y defensas que mejor se adapten a nuestras aptitudes y carácter.** Es muy recomendable cuando se empieza a jugar practicar las aperturas abiertas, ya que son más ricas en motivos tácticos, que seran muy necesarios para conseguir una base sólida de juego.

2) **Estudiar en profundidad sólo unas pocas variantes principales** de las dos o tres aperturas y defensas que jugaremos.

3) **Profundizar en el estudio de los fundamentos estratégicos de la apertura**, las ideas básicas referentes al desarrollo de las piezas, la lucha por el centro del tablero, los modos de "romper" (abrir el juego), iniciativas de ataque y defensa, etc.

LAS APERTURAS ABIERTAS

Las principales aperturas abiertas son las siguientes:

Apertura Española	:	1. e4, e5; 2. Cf3, Cc6; 3. Ab5
Apertura Italiana	:	1. e4, e5; 2. Cf3, Cc6; 3. Ac4
Gambito de Rey	:	1. e4, e5; 2. f4
Cuatro Caballos	:	1. e4, e5; 2. Cf3, Cc6; 3. Cc3, Cf6
Defensa Rusa o Petrov	:	1. e4, e5; 2. Cf3, Cf6
Apertura Escocesa	:	1. e4, e5; 2. Cf3, Cc6; 3. d4

LAS APERTURAS SEMIABIERTAS

Las principales aperturas semiabiertas son las siguientes:

Defensa Siciliana	:	1. e4, c5
Defensa Francesa	:	1. e4, e6
Defensa Escandinava	:	1. e4, d5
Defensa Caro-Kann	:	1. e4, c6
Defensa Pirc	:	1. e4, d6; 2. d4, Cf6
Defensa Alekhine	:	1. e4, Cf6

LAS APERTURAS CERRADAS

Las principales aperturas cerradas son las siguientes:

Gambito de Dama	:	1. d4, d5; 2. c4, e6
Defensa Eslava	:	1. d4, d5; 2. c4, c6
Apertura Inglesa	:	1. c4
Defensa Benoni	:	1. d4, c5
Defensa Holandesa	:	1. d4, f5
Defensa Nimzoindia	:	1. d4, Cf6; 2. c4, e6; 3. Cc3, Ab4
Defensa Grünfeld	:	1. d4, Cf6; 2. c4, g6; 3. Cc3, d5
Apertura Catalana	:	1. d4, Cf6; 2. c4, e6; 3. g3
Gambito Budapest	:	1. d4, Cf6; 2. c4, e5
Apertura Bird	:	1. f4
Apertura Larsen	:	1. b3

Apertura Reti   : 1. Cf3
Defensa India de Rey : 1. d4, Cf6; 2. c4,
                            g6; 3. Cc3, Ag7; 4.
                            e4, d6

RECUERDA

• *Los dos principios básicos de la apertura son el desarrollo de las piezas y el dominio del centro del tablero.*

• *La teoría de las aperturas no se tiene que estudiar memorizando jugadas, sino aprendiendo los principios estratégicos y ideas básicas que caracterizan cada apertura.*

CAPÍTULO 12

En el gambito se entrega
un peón a cambio de
una partida perdida
(Tartakower)

Los errores en la apertura. Las celadas

LOS ERRORES EN LA APERTURA

Cada movimiento que se realiza en una partida de ajedrez es inmensamente valioso, ya que puede significar la diferencia entre una victoria y una derrota.

En este capítulo trataremos sobre algunos de los errores que se producen al principio de la partida y que son causados, en muchos casos, por el incumplimiento de las reglas anunciadas en el capítulo anterior.

TRES ERRORES TÍPICOS EN LA APERTURA

Las tres guías básicas para jugar correctamente cualquier apertura se pueden resumir en tres puntos:

a) El desarrollo de las piezas con una finalidad concreta.

b) La correcta estructura de peones, con tal de no crear debilidades.

c) El dominio central del tablero.

a) La falta de desarrollo de las piezas

En cada jugada de la apertura se tiene que procurar poner en juego una pieza distinta, es decir, no mover dos o más veces las mismas piezas. Esto es particularmente necesario en los primeros movimientos y se tiene que hacer de tal manera que, al ocupar las posiciones en el tablero, las piezas actúen coordinadas, ayudándose mutuamente, sin molestarse unas y otras.

¿Qué puede suceder si el ajedrecista se aparta de esta regla? Veamos un ejemplo aleccionador. La posición corresponde a una Apertura italiana. El conductor de las piezas blancas es Greco, uno de los genios del ajedrez de la época romántica:

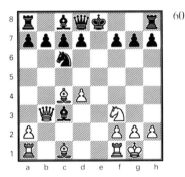

Las piezas blancas están casi totalmente desarrolladas, mientras que las negras sólo tienen en juego un caballo y un alfil.

La ambición del negro al jugar: **10. ...**, **Axa1** le lleva al desastre.

El remate después de tomar erróneamente la torre es el siguiente:

11. Axf7+, Rf8; 12. Ag5, Ce7; 13. Ce5, Axd4; 14. Ag6, d5; 15. Df3+, Af5; 16. Axf5, Axe5; 17. Ae6+, Af6; 18. Axf6, gxf6; 19. Dxf6+, Re8; 20. Df7 mate.

b) Debilidades en la estructura de peones

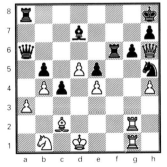

Los peones tienen un papel muy importante, tanto en defensa como en ataque. A diferencia de las otras piezas, nunca retroceden. Esto impone a los peones una especial responsabilidad en cada movimiento. Avanzándolos conquistamos espacio, pero es necesario vigilar que en los espacios que nuestros peones dejan libres no puedan penetrar fuerzas adversarias.

Lo más peligroso de todo es que, al avanzar los peones, quede descubierta la posición del rey. Veamos un ejemplo de debilidad en la estructura de peones, al dejar desprotegido a su propio rey.

En la apertura de la partida Tolusch-Alatorsev, las blancas habían avanzado excesivamente los peones dejando debilitada la posición de su rey, tal y como se observa en el siguiente diagrama:
La partida continuó:

1. Tg5

Con la amenaza 2. Txh5, gxh5; 3. Dg7 mate.

1. ..., Db6

Evita 2. Txh5 por 2. ..., Dxg1+

2. Te1, Tf2; 3. Rc1

Si 3. Txh5, Dd4+ seguido de 4. ..., gxh5

3. ..., Cf4

Gracias a la debilitada posición del rey blanco, el negro ha podido irrumpir en el campo del adversario.

4. Tg3, Txc2+!; 5. Rxc2, Df2+; 6. Cd2, Dxg3
y las negras quedan con una gran ventaja.

c) El control del centro del tablero

La lucha por controlar y conquistar el centro del tablero es una de las tareas principales en la apertura. Quien domina el centro, domina todo el tablero. Controlar el centro significa dominar las casillas centrales, bien sea con la ocupación de éstas con los peones, o bien con un control indirecto con otras piezas.

El siguiente diagrama nos muestra un ejemplo de dominio de la partida gracias al dominio central del tablero. A primera vista, parece que el bando negro está desarrollado satisfactoriamente, pero el control de las blancas en el centro es tan considerable que fuerza a las negras a una rendición rápida.

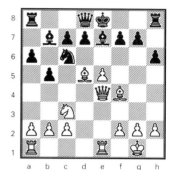

62

1. Df5!!

Después de esta jugada que amenaza mate, no existe ninguna buena defensa para el negro.

1. ..., 0-0; 2. Axh6, gxh6; 3. Ae4!, Te8; 4. Dh7+, Rf8; 5. Dh8 mate

En caso de que las negras jugaran 1. ..., Tf8, sigue 2. Dh7, g5; 3. Ce4, Dc8; 4. Axc6, Axc6; 5. Cd6+, cxd6; 6. exd6 y el rey negro queda indefenso.

LOS ERRORES EN LA APERTURA: LAS CELADAS

Una **celada** es una trampa que tendemos a nuestro contrincante para que juegue del modo que nos interesa. La celada se produce cuando, aparentemente, se permite al adverdario conseguir cualquier tipo de ventaja para inducirlo de esta manera a efectuar un movimiento equivocado.

Veamos a continuación unos ejemplos de error grave en la apertura:

Ejemplo 1

La siguiente partida es la más corta que se puede producir en el juego del ajedrez y se llama el **"mate del loco"**:

1. f3?, e5; 2. g4??, Dh4 mate!

Además de no haber tenido en cuenta ninguna de las leyes de la apertura, el blanco ha efectuado las peores jugadas posibles.

Ejemplo 2

El siguiente ejemplo nos demuestra que tenemos que ir con mucho cuidado a la hora de tocar las piezas, porque un error de apreciación nos puede costar la partida:

1. e4, e5; 2. Dh5

Ya hemos dicho que mover la dama al principio de la partida es un error grave, pero en este caso le salió bien la jugada al blanco, porque el negro se descuidó y tocó su rey sin decir "¡Compongo!", y como el reglamento del ajedrez obliga a mover la pieza tocada:

2. ..., Re7??

La respuesta fue fulminante:

3. Dxe5 mate!

Ejemplo 3

Otro ejemplo de error colosal, que es necesario conocer para no cometerlo, es el siguiente, en el que las piezas negras colaboran en dar mate a su propio rey:

1. Cc3, e5; 2. e4, Ce7?

Esta jugada no tiene ningún sentido, porque bloquea la salida de sus propias piezas.

2. Cd5?

Ahora es el blanco el que juega mal, no se tiene que mover dos veces la misma pieza en la apertura, si no hay una razón muy poderosa.

3. ..., g6??

¡No había otra peor!

4. Cf6 mate!

Ejemplo 4

Una variante un poco más sofisticada del mate anterior es la siguiente:

1. e4, c6; 2. Cc3, d5; 3. De2?

Esta jugada contraviene las normas básicas de toda apertura. La dama blanca está dificultando el desarrollo del alfil de rey.

3. ..., dxe4; 4. Cxe4, Cd7??; 5. Cd6 mate!

Ejemplo 5

El mate del pastor es seguramente el más conocido de todos los mates. Lo primero que tiene que decirse es que, al igual que en los ejemplos precedentes, el bando ganador juega mal y sólo consigue la victoria a causa de que el adversario comete errores aún peores. Es bueno conocer estos mates para que no nos los hagan, pero no para hacerlos nosotros.

1. e4, e5; 2. Ac4, Cc6; 3. Df3?

Esta jugada no es buena: impide la salida del caballo por "f3" y pone en juego prematuramente a la dama.

3. ..., Ac5??

En principio es una buena jugada de desarrollo que no contraviene las reglas básicas de la apertura, pero aquí el negro se ha olvidado del primero de los principios: ¡si nos amenazan mate tenemos que defendernos!; por ejemplo, con la jugada 3. ..., Cf6 no sucedía nada.

4. Dxf7 mate

Ejemplo 6

El problema de las celadas es que el adversario no está obligado a jugar como a nosotros nos interesa y, si se da cuenta de la trampa, quien puede salir perdiendo es quien tiende la celada. En general, las celadas no son buenas jugadas si el contrincante, jugando bien, queda con ventaja. Veamos un ejemplo:

1. e4, e5; 2. Cf3, Cc6; 3. Ac4, Cd4?

¡Cuidado!, es una celada, ¿nos regalan el peón e5?

4. Cxe5?

El blanco cae en la trampa, era necesario jugar 4. c3, expulsando al caballo.

4. ..., Dg5; 5. Cxf7??

A pesar de que amenaza a la dama y a la torre, es una jugada muy mala: convenía proseguir 5. Axf7+, Re7; 6. 0-0, Dxe5; 7. Axg8, Txg8; 8. c3, Cc6; 9. d4 y las blancas tienen ataque aunque no compense el caballo perdido.

5. ..., Dxg2

Se amenaza Dxh1+.

6. Tf1, Dxe4+; 7. Ae2, Cf3 mate.

Ejemplo 7

En la Defensa francesa existe una interesante celada que es preciso conocer:

1. e4, e6; 2. d4, d5; 3. Cc3, Ab4; 4. Ce2, dxe4; 5. a3, Axc3; 6. Cxc3, Cc6; 7. Dg4, Cxd4; 8. Dxg7?, Cxc2+; 9. Re2, Dd3 mate.

Ejemplo 8

En la defensa Caro-Kann se pueden producir las siguientes jugadas:

1. e4, c6; 2. Cc3, d5; 3. Cf3, dxe4; 4. Cxe4, Cf6; 5. Cxf6+, gxf6; 6. Ac4, Ag4; 7. Ce5 (el alfil no puede comerse la dama a causa de Axf7++), **Ae6; 8. Axe6, fxe6; 9. Dh5 mate.**

Ejemplo 9

Cuando se acepta el Gambito de dama no es bueno querer conservar el peón ganado.

1. d4, d5; 2. c4, dxc4; 3. e3, b5; 4. a4, c6; 5. axb5, cxb5; 6. Df3 y la torre no puede defenderse.

Ejemplo 10

En la Defensa holandesa existe un mate en ocho jugadas que es necesario conocer.

1. d4, f5; 2. Ag5, h6; 3. Ah4, g5; 4. Ag3, f4; 5. e3 (amenaza Dh5++), **h5; 6. Ad3** (amenaza mate en "g6"), **Th6; 7. Dxh5+, Txh5; 8. Ag6 mate.**

Ejemplo 11

A veces las celadas no terminan en mate, sino que sirven para conseguir cualquier tipo de ventaja.

1. d4, c5; 2. Cf3, Cf6; 3. Af4, cxd4; 4. Cxd4, e5!; 5. Axe5, Da5+ y gana un alfil (siempre se tiene que prever un posible jaque).

Ejemplo 12

El siguiente mate se ha producido numerosas veces en la práctica a partir de una variante teórica del Gambito Budapest.

1. d4, Cf6; 2. c4, e5; 3. dxe5, Cg4; 4. Af4, Cc6; 5. Cf3, Ab4+; 6. Cb-d2.

También es posible 6. Cc3.

6. ..., De7; 7. a3, Cgxe5; 8. axb4??, Cd3 mate.

El peón de rey está clavado por la dama. La variante teórica continúa 8. Cxe5, Cxe5; 9. e3 (aún no puede comerse el alfil), Axd2; 10. Dxd2 y el blanco queda con una ligera ventaja posicional.

Ejemplo 13

En el Gambito Budapest también existe una trampa para ganar la dama en una variante distinta a la del ejemplo anterior.

1. d4, Cf6; c4, e5; 3. dxe5, Ce4; 4. Cf3, d6; 5. exd6, Axd6; 6. g3?, Cxf2; 7. Rxf2, Axg3+ y gana la dama.

Ejemplo 14

Cuando un peón se encuentra en la séptima fila y amenaza a un caballo, éste no puede impedir la promoción de este peón. Veámoslo:

1. d4, d5; 2. c4, c6; 3. Cf3, Af5; 4. Db3, Db6; 5. cxd5, Dxb3; 6. axb3, Axb1; 7. dxc6, Ae4?; 8. Txa7!!, Txa7; 9. c7!! y el negro no puede evitar la coronación del peón.

Ejemplo 15

Veamos por último un ejemplo de ataque combinado de dama y caballo. No es bueno permitir que la dama contraria ataque libremente el enroque, ya que es una poderosa pieza de ataque.

1. e4, e5; 2. Cf3, Cc6; 3. Ac4, Ac5; 4. d3, Cg-e7; 5. Cg5, 0-0; 6. Dh5, h6; 7. Cxf7, De8; 8. Cxh6+, Rh7; 9. Cf7+, Rg8; 10. Dh8 mate.

RECUERDA

• *Nunca juegues una celada con la única intención de tender una trampa a tu adversario. Piensa siempre que tu contrincante hará la mejor jugada posible.*

• *Estudia las celadas para que no te las hagan, pero no para hacerlas tú. Aunque al principio puedas ganar alguna partida, no progresarás nunca en tu juego si utilizas celadas de apertura.*

• *Si tienes una o diversas piezas sin desarrollar es como si estuvieras jugando con una o diversas piezas de menos.*

• *El peón es la única pieza que no puede retroceder: ve con cuidado cuando la tengas que mover.*

CAPÍTULO 13

*Es mejor tener un plan, aunque
no sea bueno, que jugar sin tener
ninguno*

El medio juego:
La estrategia

LA ESTRATEGIA Y LOS PLANES

Una vez finalizado el desarrollo de las piezas empieza la fase del medio juego. Lo primero que tenemos que hacer en esta fase de la partida es pensar **un plan**, **una estrategia** que nos otorgue, a ser posible, algún tipo de ventaja.

Elaborar un plan significa: saber a qué casillas se quiere que vayan a parar nuestras piezas y peones, por dónde atacaremos o cómo nos defenderemos, averiguar los puntos débiles del adversario, crear nosotros estas debilidades, etc.

Los planes son distintos en cada partida y cambian a través del desarrollo del juego en función de las jugadas del adversario y de las nuevas situaciones creadas. Sin embargo, los temas estratégicos se repiten y son la orientación que nos permitirá valorar con elementos de juicio una posición determinada.

PROCESO DEL PENSAMIENTO ANTE CADA JUGADA

Cada vez que nuestro adversario juegue tenemos que seguir los siguientes pasos:

a) ¿Por qué ha hecho esta jugada mi adversario?

1) ¿Amenaza algún jaque o jaque mate? ¡Cuántas y cuántas partidas se han perdido por no responder esta simple pregunta!

2) ¿Amenaza alguna pieza o combinación (sucesión de jugadas forzadas)?

3) ¿Puede realizar algún cambio de piezas? ¿Con qué consecuencias?

4) Desconfiad de las jugadas aparentemente malas: pueden esconder alguna trampa.

De nada servirá tener un excelente plan si por el camino nos dejamos ganar una pieza o descuidamos alguna combinación de mate del adversario.

b) Replanteamiento de la posición a partir de la jugada que se quiere efectuar: una vez sepamos el plan que tenemos que seguir y con que jugadas lo llevaremos a cabo, repetimos las preguntas del apartado (a), pero a partir de la posición que resultará de efectuar nuestra jugada.

1) ¿Me pueden ganar alguna pieza después de la jugada que haré?

2) ¿Dejo sin protección mi rey o alguna casilla importante?

3) ¿Me pueden hacer jaque o jaque mate?

¡No os preocupéis! El proceso mental descrito se irá agilizando a medida que cojáis práctica en el juego y lo llevaréis a término sin daros cuenta.

ELABORACIÓN DE UN NUEVO PLAN O SEGUIMIENTO DEL YA PREVISTO

Una vez contestadas las preguntas anteriores, debemos revisar mentalmente si podemos continuar el plan que teníamos previsto y en caso contrario elaborar uno nuevo. Este nuevo planteamiento puede consistir por ejemplo en:

a) Desarrollar una o varias piezas en las casillas más adecuadas.

b) Iniciar un ataque en el flanco de dama o de rey, en caso de que se tengan posibilidades de hacerlo (debilidades del adversario y superioridad de fuerzas).

c) Cambiar una o varias piezas para obtener alguna ventaja.

d) Reforzar la posición defensiva.

e) Contraatacar en el centro del tablero o en el flanco contrario, ante un ataque del adversario por uno de los flancos.

f) Realizar jugadas para debilitar la posición del adversario.

Existen tantos planes como posiciones posibles, por lo tanto, estas líneas sirven sólo de mera orientación. La práctica y el estudio de las partidas jugadas nos dará la pauta para encontrar los mejores planes en cada posición.

LOS TEMAS ESTRATÉGICOS

Pero para saber elaborar un plan correctamente, primero debemos conocer las características de las posiciones y los temas estratégicos que se esconden, así como las propiedades tácticas de las piezas y de los peones.

A continuación veremos algunos de los temas estratégicos más importantes. El lector interesado en esta importante faceta del juego, puede encontrar numerosos libros especializados al respecto.

LAS DEBILIDADES EN LAS ESTRUCTURAS DE PEONES

Una **debilidad** en ajedrez es una casilla o una pieza que no puede ser defendida o que es difícil de defender de un posible ataque contrario.

Los peones son especialmente sensibles a llegar a ser una debilidad o a crear debilidades, al dejar de controlar casillas que en un principio controlaban.

Los peones, como ya habíamos dicho, no pueden retroceder una vez los hayamos movido. Es por esto que cuando crean un "agujero" (una debilidad), éste suele durar toda la partida.

Veamos algunos ejemplos:

a) El **peón doblado**: el diagrama 63 muestra un ejemplo de posición con peones doblados. Los peones doblados son una debilidad, ya que nunca se podrán defender el uno al otro. En caso de llegar a un final de peones, el bando con peones doblados tendrá una clara desventaja posicional.

Los peones a "c2" y "c3" (diagrama 63) son peones doblados.

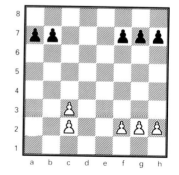

b) El **peón aislado** es el peón que no tiene a
ningún otro al lado y si es atacado se tendrá que defender con una pieza, pero nunca con un peón. Supone también una debilidad en la mayoría de los casos.

El peón de "d5" (diagrama 64) es un peón
aislado.

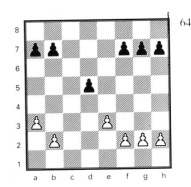

c) El **peón retrasado** es aquél que, por estar
más atrás que los otros, no puede ser
defendido por ningún peón del mismo bando, ni puede avanzar sin perderse.

El peón de la casilla "c3" (diagrama 65) es
un peón retrasado.

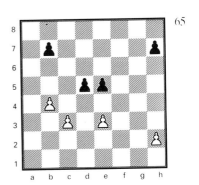

d) El **peón pasado**: un peón también puede
constituirse en una grave amenaza para el
adversario, si se consigue que no tenga delante, ni en las columnas contiguas, ningún
otro peón enemigo que le impida el paso.

A esto se le llama un peón pasado y su
fuerza radica en la posibilidad que tenga
de poder coronar y convertirse en una pieza poderosa.

El diagrama 66 muestra un ejemplo de
peón pasado.

El peón en la casilla "c5" es un peón pasado.

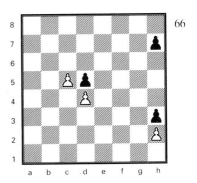

LAS CARACTERÍSTICAS ESTRATÉGICAS DE LAS PIEZAS

Se considera **piezas menores** a los alfiles y a los caballos. Las características propias de estas piezas proporcionan temas estratégicos para elaborar los planes que seguiremos.

LOS ALFILES BUENOS Y LOS MALOS

Los alfiles son poderosos porque pueden actuar desde lejos. Por este motivo, su fuerza dependerá de que las diagonales estén libres, es decir, que no haya piezas o peones que interfieran en su actividad.

Un alfil será "bueno" o "malo" en función de su movilidad. Cuantas más diagonales abiertas tenga el alfil a su disposición, más eficaz será.

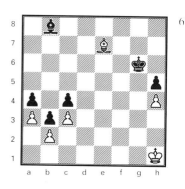

En el diagrama 67 vemos un ejemplo de alfil "bueno" y "malo". Este final es muy ventajoso para el bando negro.

En esta posición el negro tiene clara ventaja, porque el alfil blanco no podrá amenazar a sus peones porque se encuentran todos ellos en casillas blancas.

LA PAREJA DE ALFILES

Los alfiles son piezas mutuamente complementarias, porque las casillas que no puede controlar uno de ellos las puede controlar el otro. En el siguiente ejemplo podemos comprobar el gran dominio de espacio que ejercen la pareja de alfiles.

Después de la jugada **1. Rc4**, la torre negra no tiene salvación, ya que si **1. ..., Tg5; 2. Af4+**; i si **1. ..., Td3; 2. Af4+, Rc2; 3. Af5** clavando a la torre y ganándola en la siguiente jugada (diagrama 68).

Un tema estratégico muy habitual será, pues, conservar la pareja de alfiles e intentar destruir la del adversario.

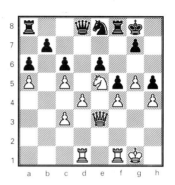

69

EL CABALLO

Un caballo instalado en el centro del tablero, protegido y que no pueda ser atacado por peones o piezas enemigas, es a menudo tanto o más fuerte que una torre. En el centro del tablero un caballo domina ocho casillas, mientras que en un rincón tan sólo domina dos, por este motivo, está muy claro que la colocación del caballo es un tema estratégico importante.

Veamos un ejemplo en el diagrama 69.

El diagrama 69 muestra una situación típica en la que el caballo tiene una excelente posición, que otorga una clara ventaja posicional al bando blanco.

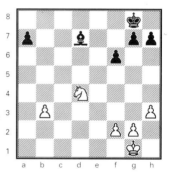

70

ALFIL CONTRA CABALLO

En general podemos decir que el alfil es superior al caballo en posiciones abiertas en las que los peones son movibles en ambos flancos. Por ejemplo, en la posición del diagrama 70.

En cambio, un caballo es superior a un alfil en posiciones cerradas, en las que los peones tienen poca movilidad, como por ejemplo la posición del diagrama 71.

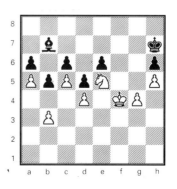

71

LAS TORRES

Las torres necesitan para poder ejercer sus cualidades las columnas abiertas, es decir, que no estén interceptadas por los peones contrarios y sobre todo por sus propios peones.

Tenemos aquí un nuevo tema estratégico a la hora de formular el **plan** a seguir. Será necesario intentar abrir líneas para que sean ocupadas por nuestras torres.

Especialmente peligrosas son las torres dobladas, es decir, una detrás de la otra en una columna abierta. Ved el diagrama 72, donde se comenta un ejemplo.

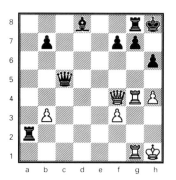

72

Las torres dobladas en la columna "g" permiten un mate en tres jugadas:

1. Dxh6, gxh6; 2. Txg8, Rh7; 3. T1g7++.

También son especialmente fuertes las torres cuando alcanzan la séptima u octava fila. Es muy conocido entre los ajedrecistas el dicho "torre en séptima fila pondrás y la partida ganarás", que normalmente se cumple en la mayoría de los casos.

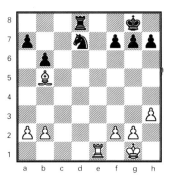

73

"El molino"

Observemos la acción devastadora de la torre actuando en la séptima fila (diagrama 73): a esta posición se la llama el **molino**.

1. Af6!, Dxh5; 2. Txg7+, Rh8; 3. Txf7+, Rg8; 4. Tg7+, Rh8; 5. Txc7+, Rg8; 6. Tg7+, Rh8; 7. Txb7+, Rg8; 8. Tg7+, Rh8; 9. Txa7, Rg8; 10. Tg7+, Rh8; 11. Tg5+, Rh7; 12. Txh5.

Mate en la octava línea

Un mate muy habitual con la torre es el que se hace en la octava fila con el rey cerrado por sus propios peones, tal y como muestra el diagrama 74: ¡a todos los ajedrecistas nos han hecho alguna vez este mate!

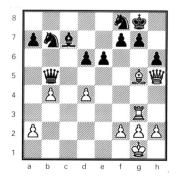

74

1. Axd7, Txd7; 2. Te8++ (¡Cuidado, porque es un mate que se produce muy a menudo entre los principiantes!)

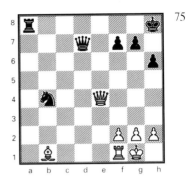
75

LA DAMA

La fuerza de la dama radica en su movilidad. En el centro del tablero, con espacio suficiente para moverse y la cooperación de otras piezas, es muy peligrosa y puede realizar tareas tanto de ataque como de defensa. En cambio, si la situamos en un extremo del tablero con posición cerrada, reducimos de una manera importante su eficacia.

Comparemos los dos diagramas siguientes, donde se observa la diferencia de fuerza que ejerce la dama, dependiendo de su posición.

En el diagrama 75 se representa una posición óptima de la dama en el centro del tablero, que amenaza a la vez mate y a la torre negra, por lo que podrá ganar fácilmente la partida.

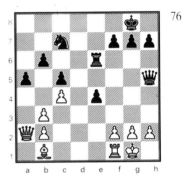
76

En el diagrama 76, por contra, se ve una posición en la que la movilidad de la dama blanca es prácticamente nula. La posición es muy ventajosa para el bando negro.

A pesar de su movilidad, la dama puede ser atrapada. Este es también un tema táctico y estratégico que es necesario conocer. En el siguiente ejemplo (diagrama 77), si el negro juega **1. ..., Dxb2??**, el blanco gana la dama mediante la jugada **2. Ca4!**

77

RECUERDA

• *En ajedrez se tiene que jugar siempre con un plan lógico.*

• *De nada sirve tener un magnífico plan, si no se calcula la pérdida de material o la amenaza de un mate.*

• *Intentad no mezclar los cálculos de jugadas. Primero analizad una variante (línea de juego a partir de una jugada determinada) y no paséis a otra hasta que no tengáis una conclusión clara de la primera.*

• *Las posibles jugadas de una posición son numerosísimas: si ya tenemos una buena jugada o una manera de ganar, llevémosla a cabo. No se trata de hacer siempre la mejor jugada posible, sino cualquiera que nos proporcione ventajas siguiendo con nuestro plan.*

CAPÍTULO 14

La amenaza es muchas veces
más fuerte que su ejecución
(A. Nimzowitsch)

El ataque y las combinaciones

EL ATAQUE

El ataque es un conjunto de jugadas realizadas con el propósito de obtener alguna ventaja o bien dar mate.

Para que este ataque pueda tener éxito debe reunir algunos requisitos, como los siguientes:

1) Es preciso tener una superioridad de fuerzas respecto al contrincante en el sector del tablero donde se piensa llevar a cabo el ataque.

2) El adversario ha de tener alguna debilidad o si no, hemos de tener la posibilidad de crearla.

3) La conducción del ataque exige el conocimiento de algunas técnicas combinativas, algunas de las cuales las estudiaremos a continuación.

LAS COMBINACIONES.
LOS TEMAS DE ATAQUE

Existen ajedrecistas que dicen que "la táctica es el 99 por ciento del ajedrez". Es posible que exageren un poco, pero lo que sí que es seguro es que sin un conocimiento bastante amplio de los temas tácticos más frecuentes, nunca llegaremos a tener un alto nivel ajedrecístico.

La combinación es un conjunto de jugadas más o menos forzadas con las que se pretende obtener una ventaja decisiva (se dice que una jugada es forzada cuando no hay ninguna otra que sea buena).

Para llevar a cabo estas combinaciones, es necesario conocer algunos recursos tácticos, que se repiten en posiciones parecidas y que facilitarán el camino de estas combinaciones.

LA DOBLE AMENAZA

La idea de la doble amenaza es simple: atacar simultáneamente con una pieza o peón dos o más piezas contrarias.

Teniendo en cuenta que el bando objeto de la doble amenaza sólo puede mover una pieza en su réplica, la pieza que haya movido podrá ser capturada. Veamos cuatro ejemplos distintos de doble amenaza:

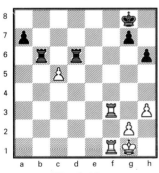

78

El peón blanco amenaza
las dos torres negras

79

La torre blanca amenaza
los dos alfiles negros

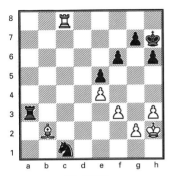

El alfil blanco amenaza
el caballo y la torre negra

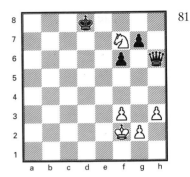

El caballo blanco amenaza
la dama y el rey adversario

El ataque doble de peón es especialmente peligroso a causa del poco valor relativo de esta pieza, que facilita su sacrificio. Por ejemplo, en el siguiente diagrama se gana de esta manera: **1. Cxe5, Txe5; 2. f4**, ganando una pieza.

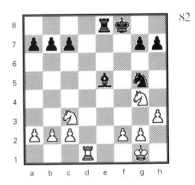

La "horquilla" y las "gafas"

El ataque doble se denomina a veces en el lenguaje ajedrecístico "horquilla" o "gafas".

El diagrama 83 muestra un sencillo ejemplo de ataque doble:

El modo de ganar es el siguiente: **1. Td8+, Rxd8; 2. Ce6+**, doble a la dama y al rey.

En el siguiente ejemplo (diagrama 84), podemos observar como un cambio de piezas puede preparar el tema de la doble amenaza:

El remate es el siguiente: **1. Dxb7, Axb7; 2. Txd8, Txd8; 3. Cf7+**, jaque doble al rey y a la torre.

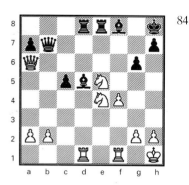

Otra modalidad de ataque doble

Otra modalidad de ataque doble es la que se realiza cuando se amenaza jaque o jaque mate por un lado y además, simultáneamente, se ataca a una pieza por otro, siendo imposible muchas veces parar las dos amenazas.

En el diagrama 85 el blanco gana la torre negra con **1. Dg5** que amenaza simultáneamente los puntos "**g7**" (mate con la dama) y "**d8**" (la torre).

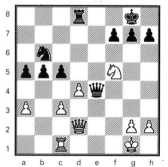

LA CLAVADA

Una clavada es una jugada que inmoviliza una pieza enemiga, bien porque ésta tiene detrás a su rey o bien porque su movimiento supondría una pérdida de material.

La clavada es uno de los elementos tácticos más frecuentes durante una partida de ajedrez.

En el diagrama 86 podemos observar un ejemplo de dos piezas clavadas: ni el alfil ni la torre negros pueden hacer ningún movimiento porque detrás está el rey.

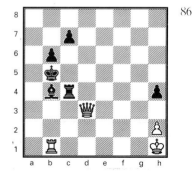

Podemos ver otro ejemplo de clavada en el diagrama 87:

El caballo blanco está clavado y el negro amenaza con capturarlo; pero el blanco, mediante la jugada: **1.Da8!** desclava a su caballo, a la vez que clava al de su adversario.

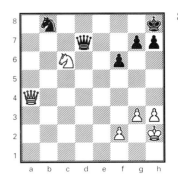

El siguiente ejemplo (diagrama 88) se produjo en una partida de dos Grandes Maestros (Pachman-Gunnerson):

Las blancas consiguen el triunfo de esta manera: **1. Td6xd7+, Txd7; 2. Db5!** y las negras se rinden, porque su torre se halla clavada por partida doble (al rey y la dama). No puede hacer **2..., Txc7** por **3. Dxe8** y gana la dama.

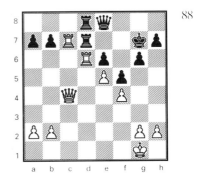

También es aleccionador el caso siguiente (diagrama 89):

Después de **1..., Cxg5!; 2. fxg5, Txe3!; 3. Dxe3, Ad4!,** las blancas abandonaron.

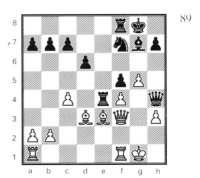

EL JAQUE A LA DESCUBIERTA

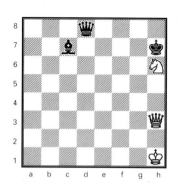

Tanto la doble amenaza como la clavada son recursos tácticos muy comunes que, prácticamente, se producen en todas las partidas. El jaque a la descubierta se presenta en menos ocasiones, pero cuando aparece tiene una fuerza muy grande, y casi siempre decisiva. El jaque a la descubierta se puede definir como el jaque que se hace al desplazar una pieza que se interpone entre el rey adversario y la pieza que da el jaque.

Un ejemplo muy sencillo nos aclarará la idea básica (diagrama 90):

Después de **1.Cf7+** el blanco gana la dama.

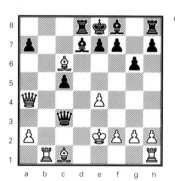

Otro ejemplo un poco más complicado es el que refleja el diagrama 91:

El remate es preciso y elegante: **1..., Dd3+!; 2. Rxd3** (de otra manera sigue **2..., Dxb1**), **Axc6+; 3. Re2, Axa4** y las negras ganan una pieza.

El mate de Philidor

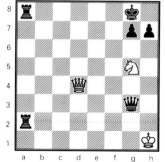

Un ejemplo clásico de jaque a la descubierta es el famoso mate de Philidor o de la "coz", representado en el diagrama 92.

En esta posición el blanco gana sorprendentemente con **1. Dd5+, Rh8; 2. Cf7+, Rg8; 3. Ch6+, Rh8; 4. Dg8+!!, Txg8; 5.Cf7++.** Éste es un mate que nunca se borra de la memoria, debido a su espectacularidad.

LOS "RAYOS X" O EL JAQUE "A TRAVÉS"

Se presenta cuando el rey y otra pieza están situados en la misma fila, columna o diagonal, tal y como muestran los diagramas 93 y 94:

En estas dos posiciones (diagramas 93 y 94), el rey está amenazado y cuando mueve deja detrás suyo a una pieza indefensa que puede ser capturada.

En el siguiente diagrama vemos otro ejemplo de este tema combinativo, que requiere una pequeña preparación:

1. Txd8, Cxd8; 2. Ab2+, Re6; 3. Axg7 ganando el alfil. Debe decirse que **en ajedrez el orden de las jugadas es muy importante.** En este caso, por ejemplo, no era correcto jugar primero **1. Ab2+** a causa de la respuesta **1. ..., Cd4** y no se ganaba nada.

El siguiente ejemplo (diagrama 96) resulta también muy instructivo:

1. Ce5+, Re6; 2. Dg8+ seguido de **Dxb3** ganando la dama.

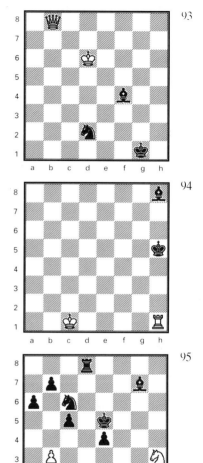

LA DESVIACIÓN

Es un tema que se presenta a menudo en la táctica ajedrecística. Se produce cuando se obliga al contrario a mover una pieza que estaba protegiendo a otra o impidiendo una amenaza, de tal modo que pierde su eficacia defensiva.

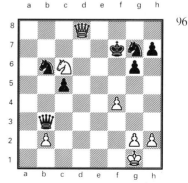

El diagrama 97 nos muestra un simple ejemplo:

El blanco acaba de jugar **1. Dc7**, si el negro responde **1. ...**, **Dxc7**; entonces **2. Te8 mate**.

Al desviar la dama de la defensa de la casilla **"e8"**, se consigue el jaque mate.

Los siguientes ejemplos servirán para clarificar un poco más las ideas:

En la posición del diagrama 98 se gana mediante **1. Th7+, Rxh7** (desviamos al rey de la defensa del importante peón de **"f7"**); **2. Dxf7+, Rh8; 3. Th1+, Th6; 4. Txh6 mate**.

El siguiente ejemplo (diagrama 99) se produce con bastante frecuencia:

La solución es **1. Tc8+, Txc8; 2. Dxb2** y se gana la dama a cambio de la torre.

A veces, en el tema de la desviación, se entregan una o diversas piezas para colocar al rey en la posición que interesa (diagrama 100):

1. Th8+, Axh8; 2. Txh8, Rxh8; 3. Dh6+, Rg8; 4. Cf6 mate.

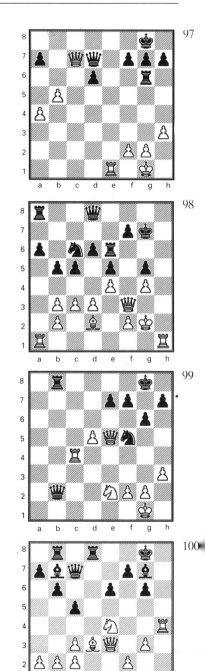

LA PIEZA SOBRECARGADA

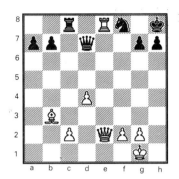

Se denomina pieza sobrecargada aquella que, por necesidad de la posición, tiene que realizar más de una función defensiva a la vez; es un síntoma de defensa tensa y peligrosa. Observemos el siguiente ejemplo, que clarificará la definición:

Después de **1. Dc4**, se amenaza mate en "**g8**", que no puede ser evitado, ya que si **1. ..., Txc4, Txf8++**. La torre negra no podía controlar simultáneamente la columna "**c**" y defender al caballo.

En el diagrama 102 se observa, a primera vista, que la posición del bando negro es sólida, pero profundizando un poco se ve que se puede crear una situación de pieza sobrecargada.

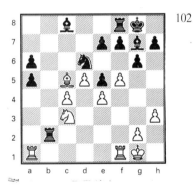

1. f6!, Axf6 (no **1. ..., exf6; 2. Axd6**, ni **1. ..., Ah6; 2. fxe7**). Después de este movimiento, el peón negro de "**e7**" se ha convertido en una pieza sobrecargada, porque defiende al caballo y al alfil. **2. Axd6** y las negras pierden pieza.

Veamos otra combinación con el mismo tema de la sobrecarga (diagrama 103).

Tampoco aquí parece que haya ninguna pieza sobrecargada, pero no es así, porque la dama negra defiende a su torre y, a la vez, la casilla "**f6**", evitando **Df6 mate**. Con esta orientación el camino del triunfo no es muy difícil de hallar: **1. Td5!!** y las negras se rindieron. Efectivamente, no se puede capturar a la torre con ninguna pieza, como se podrá comprobar con un pequeño análisis. Si **1. ..., Axd5; 2. Dxd8 mate**; si **1. Dxd5; 2. Df6 mate**; si **1. ..., exd5; 2. Dxd8 mate**; y si **1. ..., Txd5; 2. Df8 mate**.

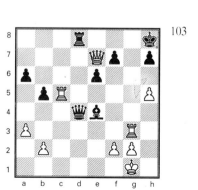

LOS SACRIFICIOS

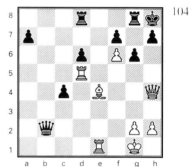

Un sacrificio es una entrega voluntaria de una o diversas piezas para conseguir mate o algún tipo de ventaja.

Especialmente espectaculares son los sacrificios de dama como el que nos muestra el siguiente ejemplo:

El remate es el siguiente: **1. Dxh7+, Rxh7; 2. Th5 mate.**

Siempre se ha de tener en cuenta un posible sacrificio. En el ejemplo del diagrama 105 las negras se vieron sorprendidas por la jugada: **1. Dxc6+!!, bxc6; 2. Aa6 mate.**

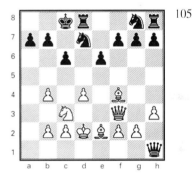

El sacrificio de los alfiles sobre el enroque contrario es uno de los temas más espectaculares del ajedrez:

En esta posición (diagrama 106) se gana de la siguiente forma: **1. Axh7+!, Rxh7; 2. Dh5+, Rg8; 3. Axg7!; 4. Dg5+, Rh8; 5. Td4** seguido de **6. Th4 mate.**

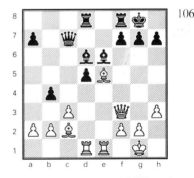

RECUERDA

- *Las combinaciones son la parte más divertida del ajedrez. El estudio de temas combinativos nos será ampliamente compensado.*

- *Antes de iniciar un ataque, se tienen que dar las condiciones adecuadas para desencadenarlo: es necesario poseer algún tipo de ventaja, ya sea posicional o material.*

- *Las partidas en competiciones oficiales se juegan siempre con un tiempo limitado por un reloj de ajedrez. Acostúmbrate a no distraerte ni a malgastar el tiempo.*

- *En ajedrez "el orden de los factores sí que altera el producto". Tenedlo en cuenta para seguir el orden correcto de las jugadas de una combinación.*

- *La mejor manera de aprender a jugar bien al ajedrez es hacer muchas partidas, solucionar problemas, practicar mucho. Cuantas más partidas juegues y más aprendas, más te gustará jugar al ajedrez.*

CAPÍTULO 15

El buen observador puede resistirlo prácticamente todo. La mejor manera de jugar bien los finales es prestar mucha atención
(Lasker)

El final

INTRODUCCIÓN

El final es la última fase de la partida, que empieza una vez ha finalizado el medio juego. Algunos especialistas determinan que se ha llegado al final cuando, como máximo, quedan dos piezas además de los peones en ambos bandos.

El estudio de los finales es imprescindible para el jugador que quiera progresar en el juego del ajedrez. De nada sirve haber jugado una excelente partida si no se sabe cómo rematar en la fase final del juego.

Recordemos que un plan básico en ajedrez es intentar llegar lo más pronto posible al final de la partida, cuando tenemos una ventaja de material, ya que ésta tendrá, normalmente, un valor inestimable cuando queden pocas piezas sobre el tablero.

CARACTERÍSTICAS GENERALES DE LOS FINALES

La fase final del juego tiene sus propias características particulares:

1) **Se produce una modificación en el valor relativo de las piezas.** Es posible que un peón valga igual o más que una pieza.

2) **El rey pasa a tener un papel decisivo**, tanto desde el punto de vista ofensivo, como defensivo.

3) **Los peones tienen una función primordial,** dada su capacidad de coronación una vez que llegan a la octava línea. No olvidemos que un final con un peón de menos termina la mayoría de las veces por concretarse con una dama de menos.

4) **La estrategia es más importante que las combinaciones.** Aunque en el final también hay elementos tácticos, la concepción del juego de conjunto es lo más importante.

FINALES DE PEONES

La famosa frase de Philidor: **"los peones son el alma del ajedrez"**, tiene una máxima vigencia en la fase final del juego.

Aunque los finales de peones solos no se producen muy a menudo en la práctica, es fundamental conocer sus principios básicos. En muchas ocasiones tendremos que afrontar la decisión de llegar o no a un final de peones y esta decisión no será acertada si no conocemos un mínimo de teoría al respecto.

Veamos a continuación algunos conceptos básicos.

LA REGLA DE LA OPOSICIÓN

Entre los principios que es necesario considerar en los finales de reyes y peones, uno de los más importantes es el de la oposición.

La **oposición** es una posición en la que los reyes están enfrentados a lo largo de una columna, fila o diagonal por un número impar de casillas. El rey que ha efectuado el último movimiento tiene la oposición, lo que le proporcionará una ventaja de espacio, muchas veces suficiente para ganar la partida.

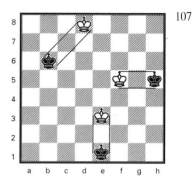

En el diagrama 107 se pueden observar tres tipos de oposición:

Si juegan las negras, las blancas tienen la oposición. Pero si juegan las blancas, son las negras las que ganan la oposición.

FINAL DE REY Y PEÓN CONTRA REY

La importancia de tener la oposición a favor se puede comprobar en el siguiente ejemplo (diagrama 108):

En esta posición las blancas ganan si no les toca jugar, es decir, si han ganado la oposición. Veamos los dos casos:

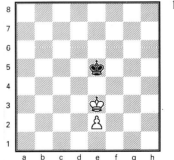

Si el blanco mueve, las negras se limitan a mantener la oposición. Para avanzar el peón, el blanco tiene que dejar a su rey atrás y entonces sólo puede conseguir tablas por ahogado.

1. Rf3, Rf5; 2. e4+, Re5; 3. Re3, Re6; 4. Rd4, Rd6; 5. e5+, Re6; 6. Re4, Re7; 7. Rf5, Rf7; 8. e6+, Re7; 9. Re5, Re8; 10. Rf6, Rf8; 11. e7+, Re8; 12. Re6. ¡Ahogado!

En cambio si juegan las negras, tienen que ceder terreno y permitir que el peón corone.

1. ..., **Rf5; 2. Rd4, Re6; 3. Re4!** (el rey blanco tiene que mantenerse delante del peón, sería un error muy grave 3. e3? o 3. e4? que sólo proporcionaría tablas), **3. ..., Rf6; 4. Rd5, Rf5; 5. e4+, Rf6; 6. Rd6, Rf7; 7. e5, Re8; 8. Re6** (el objetivo del blanco se ha conseguido: **llegar a la sexta fila delante de su propio peón.** (Ver diagrama 109.)

En esta posición las blancas ganan, tanto si les toca jugar como si no. Por ejemplo **1. ..., Rf8; 2. Rd7** seguido de **3. e6, 4. e7** y **5. e8=D** que el rey negro no puede impedir; o bien, si le tocara jugar al blanco haría **1. Rf6, Rf8; 2. e6, Re8; 3. e7, Rd7; 4. Rf7** y el peón coronaría.

Por último, es necesario advertir que este ejemplo no es válido si el peón está en las columnas de los extremos "h" o "a". Con la simple observación de la posición del diagrama 110, ya se ve que son tablas: por ejemplo **1. Rb6, Rb8; 2. a6, Ra8; 3. a7** (tablas por ahogado).

LA REGLA DEL CUADRADO

Para saber si el rey puede capturar al peón libre rival, además de calcular los movimientos, existe la **regla del cuadrado.**

El camino que debe recorrer el peón para llegar a coronar, lo consideramos el lado del cuadrado, incluyendo la casilla donde se encuentra.

En la posición del diagrama 111, el rey negro no se encuentra dentro del cuadrado, pero si le toca jugar, hará Rf4 y entrará en él; esto quiere decir que le dará tiempo de parar al peón antes de que corone. En cambio, si toca jugar al blanco, moverá el peón a "b5" y no se podrá evitar la coronación.

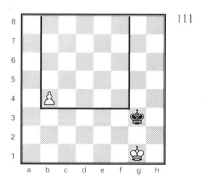

CREACIÓN DEL PEÓN PASADO

El objetivo básico de los finales de peones será crear peones pasados que, como ya hemos visto, son aquellos que no tienen ningún peón contrario delante, ni en los lados de la columna por la que tienen que pasar.

En la posición del diagrama 112, ¿cuál será la mejor jugada para crear un peón pasado?

Tendremos que jugar de la siguiente manera: **1. f4** (avanzaremos el peón que no tiene un peón contrario en la misma columna por la que se mueve). (Sería un error muy grave jugar 1. g4, ya que el negro respondería 1. ..., g5 y ya no se podría apoyar el avance del peón de la columna "f" ni "h"). **1. ..., h5; 2. g3** (no sería bueno 2. h3 por la respuesta 2. ..., h4), **2. ..., Rb1; 3. h3, Rc2; 4. g4, Rd3; 5. f5** y el rey no puede parar al peón.

112

Veamos por último el diagrama 113, ¿cómo puede crearse en esta posición el peón pasado?

Hay dos jugadas clave: **1. g6!!, fxg6; 2. h6!!, gxh6; 3. f6** y el peón corona.

113

FINALES DE TORRES

Para acabar este capítulo de finales, explicaremos unas nociones básicas sobre los finales de torres y peones, que son los que se presentan más a menudo.

FINALES DE TORRE Y PEÓN CONTRA TORRE. TEMAS POSICIONALES Y TÁCTICOS

Observemos los diagramas 114 y 115: en ellos se reflejan dos posiciones típicas en los finales de torres:

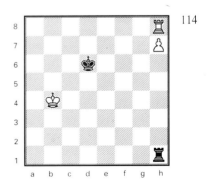
114

En esta posición el blanco gana, simplemente, mediante las jugadas: **1. Td8+, Re7; 2. h8=D.**

Observemos ahora el diagrama 115 y recordemos el tema táctico de los "rayos x". Aquí se gana de la siguiente forma: **1. Ta8!, Txh7; 2. Ta7+** y se gana la torre y la partida.

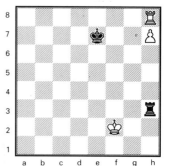

LA COLOCACIÓN DE LAS TORRES

En el diagrama 116 vemos un tipo de posición muy corriente. ¿Cuál es el plan correcto que tiene que seguirse en esta posición?

La torre tiene que conseguir ponerse detrás de su peón pasado, por tanto, la mejor jugada será **Td2!,** seguido de **Ta2.** De este modo se obliga a la torre negra a tener un papel totalmente pasivo en la posición.

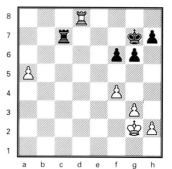

EL PUENTE DE LUCENA

La siguiente posición (diagrama 117) se denomina la posición de Lucena, ya que fue el ajedrecista conocido con este nombre quien la estudió por primera vez. El modo de ganar es el siguiente: **1. Tg1+, Rh7** (si 1. ..., Rf6; 2. Rf8 seguido de 3. e8=D); **2. Tg4!, Tf2; 3. Rd7, Td2+; 4. Re6, Te2+; 5. Rd6** (si 5. ..., Rh8; 6. Tg5! seguido de Te5 y si 5. ..., Rh6; 6. Tg8, Td2+; 7. Rc5, Tc2+; 8. Rb4, Tb2+; 9. Rc3) **Td2+; 6. Re5, Te2+; 7. Te4** y el peón corona.

PRINCIPIOS BÁSICOS Y CONSEJOS EN LOS FINALES

1. No jugar rápido, ni precipitarse. Por muy simple que parezca la posición, sin un estudio detallado de cada jugada, no se tendrá nunca la seguridad de jugar correctamente.

2. Si tenemos uno o dos peones de ventaja, un buen plan será cambiar las piezas, pero no los peones. **Generalmente, los finales más fáciles de ganar, cuando se dispone de ventaja, son los de peones solos.**

3. Si se tiene ventaja en el final, se debe intentar mantener peones en los dos flancos, porque un final con los peones situados en el mismo flanco es más difícil de ganar.

4. Uno de los finales más sencillos para hacer tablas es el de alfiles de distinto color.

5. El rey es una pieza muy poderosa y decisiva en el final, debemos ponerla en juego tan pronto como sea posible, una vez se ha entrado en esta fase de la partida.

6. Dos peones pasados y enlazados (juntos) en la sexta fila son equivalentes, normalmente, como mínimo a una torre.

7. Las torres tienen que colocarse siempre detrás de los peones pasados propios o contrarios.

8. La torre es una pieza efectiva a distancia y puede forzar al rey contrario mediante jaques a moverse a los rincones del tablero.

9. Debemos bloquear a los peones pasados, es decir, pararlos poniéndonos delante con alguna pieza. El caballo es la pieza que mejor conserva su eficacia cuando bloquea a un peón.

10. Los peones tienen que colocarse, en general, en las casillas de distinto color a aquéllas por las que se desplaza el alfil del adversario, para que no pueda atacarlos.

RECUERDA

Para progresar en ajedrez:

- *Hazte socio de algún club de ajedrez y participa en las competiciones oficiales. No temas no ser suficientemente bueno, existen competiciones para todos los niveles de juego.*

- *Intenta practicar con jugadores que sean mejores que tú y, cuando termines la partida, pide que te comenten donde cometiste tus errores.*

- *Analiza las partidas de los grandes maestros.*

- *Estudia algún libro y apúntate a algún cursillo de ajedrez. Con un buen monitor puedes progresar mucho más rápidamente.*

- *Analiza tus partidas una vez finalizadas. Consulta los manuales de aperturas y mira donde te has equivocado.*

- *Practica. Juega todas las partidas que puedas.*

- *Si estás en edad escolar, no dejes a un lado tus estudios, el ajedrez es compatible y complementario con la escuela.*

Selección de partidas

STEINITZ-BARDELEBEN
(HASTINGS, 1895)

WILHELM STEINITZ (1836 - 1900)
AUSTRIA

Steinitz nació en Praga el 18 de mayo de 1836. Desde niño sobresalió por su gran capacidad para adquirir conocimientos. A los 30 años, después de su triunfo sobre Adolph Anderssen fue considerado como el mejor jugador del mundo, recibiendo el título oficial después de su éxito en el encuentro a 20 partidas contra Johann Zukertort.

Steinitz revolucionó el carácter del juego y sus geniales ideas fueron el fundamento del actual juego posicional. Dedicó toda su vida al estudio y progreso del ajedrez.

A la edad de 48 años perdió la corona mundial frente a Emanuel Lasker, después de haberla mantenido con toda dignidad y entusiasmo de 1886 a 1894.

Aunque famoso por sus impecables planteamientos defensivos, Steinitz sabía desarrollar un juego elegante y espectacular.

Falleció en Nueva York el mismo año que se extinguía el siglo XIX.

APERTURA ITALIANA

1. e4, e5; 2. Cf3, Cc6; 3. Ac4, Ac5

Desde la casilla **"c4"** el alfil blanco está colocado en la casilla más agresiva posible apuntando hacia **"f7"**: el punto más débil del negro.

4. c3, Cf6

Con la jugada 4. c3 se prepara el avance d4 con la intención de lograr un dominio central amplio.

5. d4, exd4; 6. cxd4, Ab4+; 7. Cc3, d5 (es más exacta la jugada 7. ..., Cxe4).

8. exd5, Cxd5; 9. 0-0, Ae6 (desarrolla el alfil de dama y refuerza el centro).

10. Ag5, Ae7; 11. Axd5, Axd5 (con el cambio de piezas se evita el enroque negro).

12. Cxd5, Dxd5; 13. Axe7, Cxe7; 14. Te1, f6 (para encontrar un refugio al rey negro).

15. De2, Dd7; 16. Tac1, c6? (era necesario jugar Rf7. Ahora Steinitz sacrificará un peón para obtener una gran ventaja posicional).

17. d5, cxd5; 18. Cd4, Rf7; 19. Ce6, Thc8 (se amenazaba Tc7).

20. Dg4, g6; 21. Cg5+!, Re8 (el caballo no puede capturarse a causa de Dxd7).

22. Txe7!!, Rf8

No se podía tomar la torre, ya que si 22. ..., Dxe7; 23. Txc8 y si 22. ..., Rxe7; 23. Te1+, Rd6; 24. Db4+, Rc7; 25. Ce6+, Rb8; 26. Df4+, Tc7; 27. Cxc7, Dxc7; 28. Te8 mate.

23. Tf7+, Rg8; 24. Tg7+ y el rey negro abandonó.

La combinación era exacta: si 24. ..., Rf8; 25. Cxh7+; y si 24. ...Rh8; 25. Txh7+, Rg8; 26. Tg7+!, Rh8; 27. Dh4+, Rxg7; 28. Dh7+, Rf8; 29. Dh8+, Re7; 30. Dg7+, Re8; 31. Dg8+, Re7; 32. Df7+, Rd8; 33. Df8+, De8; 34. Cf7+, Rd7; 35. Dd6 mate.

Posición después de **22. Txe7!!**

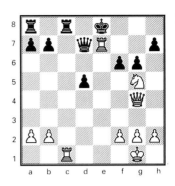

118

ANDERSSEN- KIESERITZKY (LONDRES, 1851)

GAMBITO DE REY (LA PARTIDA INMORTAL)

1. e4, e5; 2. f4

El Gambito de Rey es una apertura muy arriesgada que actualmente no se juega muy a menudo.

2. ..., exf4; 3. Ac4, Dh4+; 4. Rf1, b5 (una extravagancia propia de la época: las negras devuelven el sacrificio del peón para jugar c6 y d5, pero esto le acarreará dramáticas consecuencias).

5. Axb5, Cf6; 6. Cf3, Dh6 (la dama negra queda fuera de juego).

7. d3, Ch5; 8. Ch4!, Dg5; 9. Cf5, c6; 10. g4 (la dama negra está mal colocada y por ello no quiere tomar al paso).

10. ..., Cf6; 11. Tg1! (uno de los primeros sacrificios posicionales de la historia del ajedrez).

11. ..., cxb5; 12. h4, Dg6; 13. h5, Dg5; 14. Df3 (amenaza Axf4 ganando la dama).

14. ..., Cg8; 15. Axf4, Df6; 16. Cc3 (las blancas han desarrollado todas sus piezas, mientras que el negro sólo tiene en juego a la dama).

16. ..., Ac5; 17. Cd5! (el principio de una de las mejores combinaciones de todos los tiempos).

17. ..., Dxb2; 18. Ad6! (sin miedo a perder la torre).

18. ..., Dxa1+

Si 18. ..., Axd6; 19. Cxd6+, Rd8; 20. Cxf7+, Re8; 21. Cd6+, Rd8; 22. Df8 mate.

19. Re2, Axg1

No valía 19. ..., Dxg1; por 20. Cg7+, Rd8; 21. Ac7 mate.

20. e5!! (interceptando la diagonal "a1-h8" a la dama negra)**, Ca6; 21. Cxg7+, Rd8; 22. Df6+!!, Cxf6; 23. Ae7 mate.**

Posición después de **22. Df6+!!**

BYRNE-FISCHER (CAMPEONATO EUA, 1964)

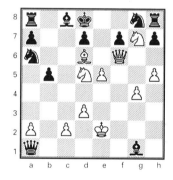

119

ROBERT JAMES FISCHER (1943 - ...) EUA

Este mítico ajedrecista, conocido popularmente como Bobby Fischer, ha sido el más discutido y, para muchos, el mejor jugador de la historia del ajedrez y es todavía hoy un verdadero enigma. Nació en Chicago y residió en sus primeros años en distintas ciudades de Norteamerica. Su vida ha sido el ajedrez. A los 16 años abandonó la escuela secundaria y se hizo jugador profesional, destilando la esencia estilística de los primeros campeones mundiales. Consiguió una gran perfección en su juego y su errores tácticos fueron menores que el de los demás campeones del mundo.

El estilo de juego de Fischer se caracteriza por sus profundos conocimientos de las aperturas, un indomable afán de triunfo y un impecable dominio en las posiciones abiertas y semiabiertas.

Su encuentro con Spasski en Reykiavik en 1972, en el que conquistó el título, fue el acontecimiento que más publicidad ha recibido en la historia del tablero y todas las partidas tuvieron suspense y emoción, como nunca se había presenciado en un campeonato del mundo.

Se negó a disputar el título en 1975 frente a Anatoli Karpov y la FIDE lo destituyó.

Veinte años después reapareció en un match con Spasski, al que venció de manera convincente.

DEFENSA GRÜNFELD

1. d4, Cf6; 2. c4, g6; 3. g3, c6; 4. Ag2, d5; 5. cxd5, cxd5; 6. Cc3, Ag7; 7. e3, 0-0; 8. Cge2, Cc6; 9. 0-0, b6; 10. b3, Aa6. A veces la mejor diagonal la encontramos fuera del "fianchetto" (la jugada del "fiancheto" consiste en sacar el alfil por alguna de las casillas "b2", "b7", "g2" o "g7").

11. Aa3, Te8; 12. Dd2, e5! (con esta jugada, las piezas del negro obtienen una gran movilidad).

13. dxe5, Cxe5; 14. Tfd1?

Era mejor 14. Tad1, pero no servía 14. Cxd5, ya que el caballo de "e2" quedaría indefenso.

14. ..., Cd3! (aprovechando la debilidad de la casilla "d3").

15. Dc2, Cxf2!! (el inicio de una maravillosa combinación de Fischer).

16. Rxf2, Cg4+; 17. Rg1

Si 17. Rf3, Txe3+.

17. ..., Cxe3; 18. Dd2, Cxg2!!

Byrne esperaba tan sólo 18. ..., Cxd1.

19. Rxg2, d4!; 20. Cxd4, Ab7+; 21. Rf1

Habría perdido igualmente 21. Rg1, Axd4+; 22. Dxd4, Te1+.

21. ..., Dd7! y el blanco abandonó.

Si 22. Df2, Dh3+; 23. Rg1, Te1+!; 24. Txe1, Axd4; y si 22. Cdb5, Dh3+; 23. Rg1, Ah6 y gana fácilmente con cualquier variante.

Posición después de **15. ..., Cxf2!!**

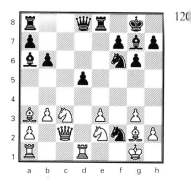

LASKER-THOMAS (LONDRES, 1912)

EMANUEL LASKER (1868-1941)
ALEMANIA

Lasker nació en el barrio berlinés de Berlinchen en la Noche Buena de 1868. Se doctoró en Filosofía y Matemáticas, en cuyas ramas ejerció el profesorado.

Ajedrecísticamente fue muy completo: táctico, posicional, genio de la defensa, psicólogo y gran luchador. Se le consideró como uno de los mejores finalistas de todas las épocas.

Ostentó el cetro mundial de 1894 hasta 1921, en que cayó derrotado frente al mítico José Raúl Capablanca.

La cúspide de su carrera deportiva la alcanzó en el gran torneo de San Petesburgo del año 1914, en la que superó brillantemente, entre otros grandes maestros, a Capablanca, Alekhine y Tarrasch.

Los últimos años de su vida los pasó en Estados Unidos de América, colaborando hasta el último momento con el ajedrez. Falleció en Nueva York a los 72 años de edad.

DEFENSA HOLANDESA

1. d4, f5

La Defensa Holandesa es una defensa utilizada a menudo en los torneos oficiales de ajedrez. Su idea es impedir una fuerte formación de peones del blanco con e4.

2. Cc3 (la jugada más buena es c4, sin embargo el blanco prepara el avance rápido de e4).

2. ..., Cf6; Ag5, e6; 4. e4, fxe4; 5. Cxe4, Ae7; 6. Axf6

Este cambio se efectúa para poder mantener al caballo blanco en el centro.

6. ..., Axf6; 7. Cf3, 0-0; 8. Ad3, b6; 9. Ce5, Ab7; 10. Dh5

Todas las piezas blancas están dispuestas para atacar el enroque negro. Se amenaza 11. Cxf6+, seguido de 12. Dxh7++ y si 10. ..., g6; 11. Cxg6.

10. ..., De7 (defiende el mate después de Cxf6, gxf6, pero no la siguiente combinación magistral del blanco).

11. Dxh7+!! (la dama blanca invita a salir al rey, mientras le da el beso de la muerte).

11. ..., Rxh7; 12. Cxf6+ (jaque doble y a la descubierta).

12. ..., Rh6 (todas las jugadas son forzadas. Si 12. ..., Rh8; 13. Cg6 mate).

13. Ce-g4+, Rg5; 14. h4+, Rf4; 15. g3+, Rf3; 16. Ae2+, Rg2; 17. Th2+, Rg1; 18. Rd2 mate.

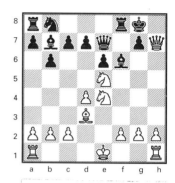

Posición después de **11. Dxh7+!!**

SMYSLOV-PETROSIAN
(MOSCÚ, 1967)

VASSILY SMYSLOV. (1921-...) RUSIA

Smyslov nació en Moscú el 24 de marzo de 1921 en el hogar de una familia acomodada. Su padre era ingeniero tecnólogo.

A los 17 años su estilo y fuerza de juego ya impresiona por su madurez y la amplitud de sus conocimientos en todas las fases del juego.

Dos grandes aficiones, el ajedrez y la música dominaron su juventud. Poseedor de una magnífica voz de barítono quedó entre los finalistas de un concurso convocado por la compañía Bolshoi de Moscú, pero finalmente se decidió por el apasionate mundo del tablero.

Fue considerado durante los años cuarenta el segundo mejor jugador del mundo después de Botvinnik, al que arrebató el título en 1957.

Su estilo de juego puede definirse como original e innovador en las aperturas, perfecto dominio estratégico del medio juego y un artista como ningún otro en el arte de los finales.

A pesar de su edad sigue compitiendo con dignidad en los torneos y en 1983 se clasificó para el ciclo de pruebas para el título mundial.

APERTURA CATALANA

1. d4, Cf6; 2. c4, e6; 3. g3

Movimiento que caracteriza a la mundialmente conocida Apertura Catalana, creada por Tartakower en el Torneo Internacional de Barcelona en 1929.

3. ..., Ab4+; 4. Cd2 (en esta variante se juega a menudo 4. Ad2, Axd2+; 5. Dxd2).

4. ..., c5; 5. dxc5, Axc5; 6. Ag2, Cc6; 7. Cg-f3, b6; 8. 0-0, Ab7; 9. a3, 0-0; 10. b4, Ae7; 11. Ab2, Tc8; 12. Db1!;

Esta maniobra de la dama permite a las blancas conservar la iniciativa de la apertura.

12. ..., h6; 13. Td1, Dc7; 14. Ce4, Cxe4; 15. Dxe4, f5; 16. Dd3, Tc-d8; 17. Ta-c1, d6; 18. Db3, Rh7; 19. c5!, dxc5; 20. Dxe6, Dc8!

Una buena maniobra defensiva. No aporta ninguna ventaja a las blancas el final que resultaría de 21. Dxc8, Axc8. Por esto es mejor conservar la dama.

21. Db3, Txd1; 22. Dxd1, cxb4?

Era mejor 22. ..., De6; 23. bxc5, Axc5; 24. e3, Ca5 con buenas posibilidades de defensa.

23. axb4, Td8; 24. Db3, Axb4; 25. Ch4!

Se amenaza 26. Axc6 seguido de 27. Dxb4.

25. ..., Af8; 26. Ah3 y las negras abandona-ron, ya que el punto f5 no tiene defensa.

Por ejemplo: 26. ..., Dc7; 27. Axf5+, Rh8; 28. Cg6+, Rh7; 29. Ce7+, Rh8; 30. Dg8 mate; y si 26. ..., g6; 27. Df7+.

Posición después de **26. Ah3**

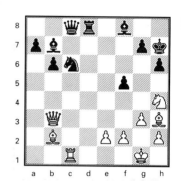

SMYSLOV-EUWE (MATCH PARA EL CAMPEONATO DEL MUNDO LA HAYA-MOSCÚ, 1948)

APERTURA ESPAÑOLA

1. e4, e5; 2. Cf3, Cc6; 3. Ab5 (la idea es presionar sobre el caballo a "c6" que defien-de el punto "e5").

3. ..., a6 (la Apertura Española fue anali-zada por primera vez por el jugador español Ruy López en 1561. Se trata de la apertura más estudiada de la historia del ajedrez; ac-tualmente continúa siendo una de las más uti-lizadas por los mejores jugadores el mundo).

4. Aa4 (en este momento no vale 4.Axc6, dxc6; 5. Cxe5, Dd4 que recupera el peón).

4. ..., Cf6; 5. 0-0, Cxe4 (la cesión momentá-nea del peón no implica ningún peligro para el blanco que lo podrá recuperar fácilmente).

6. d4, b5; 7. Ab3, d5; 8. dxe5, Ae6; 9.De2, Cc5 (para efectuar el cambio del caballo por el alfil que presiona en d5).

10. Td1, Cxb3; 11. axb3 (el blanco ha do-blado un peón, pero a cambio tiene una co-lumna abierta para maniobrar).

11. ..., Dc8; 12. c4! (sacrificio del peón que desarticula la posición central de las negras).

12. ..., dxc4; 13. bxc4, Axc4 (las negras no tienen otra cosa mejor que aceptar el peón ofrecido por las blancas).

14. De4! (las blancas han centralizado su dama en una casilla inmejorable y además ocupan las dos columnas abiertas).

14. ..., Ce7

Si 14. ..., De6 seguiría 15. Td6!, Axd6; 16. Dxc6+, Re7 y exd6+. En caso de 14. ..., Db7; 15. Cc3, Tb8, las blancas ganarían con 16. e6!, Axe6, 17. Cg5.

15. Ca3!, c6; 16. Cxc4, bxc4; 17. Dxc4 (las blancas han recuperado el peón y continúan el ataque).

17. ..., Db7; 18. e6!, f6; 19. Td7, Db5; 20. Dxb5, cxb5; 21. Cd4, Tc8; 22. Ae3, Cg6; 23. Txa6, Ce5; 24. Tb7, Ac5; 25. Cf5, 0-0 (25. ..., Axe3 sigue 26. Cd6+, Rd8; 27. e7++).

26. g3!, g6; 27. Ch6+, Rh8; 28. Axc5, Txc5; 29. Ta-a7 con mate en h7.

Posición después de **29. Ta-a7**

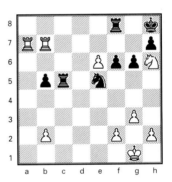

123

LARSEN- SPASSKY (BELGRADO, 1970)

BORIS SPASSKY. (1937 - ...) RUSIA.

Campeón del mundo de 1969 a 1972. Consiguió gran popularidad por sus brillantes ataques y su audacia en el tablero, con la capacidad artística y la inventiva que caracterizan los jugadores de la escuela de Leningrado, su ciudad natal.

En 1955 conquistó en Amberes el campeonato del mundo juvenil y al año siguiente el título de campeón de la URSS. Arrebató a Petrosian la corona mundial con dos puntos de ventaja en el año 1969.

Spassky es un jugador completísimo con estilo flexible y adaptado al juego de sus adversarios. Sus partidas pueden compararse con las de Lasker, con vertiginosos ataques, brillantes combinaciones, técnica perfecta y finales antológicos. Es recordado de manera particular por su tumultuoso encuentro con Bobby Fischer en 1972, el acontecimiento ajedrecístico que hizo gastar rios de tinta en periódicos y revistas especializadas.

Su gran talento le permite seguir compitiendo en torneos de élite.

APERTURA LARSEN

1.b3

Larsen procura evitar los procedimientos teóricos habituales, para llevar el peso de la lucha en el medio juego.

1. ..., e5; 2. Ab2, Cc6; 3. c4, Cf6; 4.Cf3, e4; 5. Cd4, Ac5 (la apertura no ha ocasionado ningún problema al negro, que moviliza sus piezas sin ningún impedimento).

6. Cxc6, dxc6; **7. e3, Af5; 8. Dc2, De7; 9. Ae2, 0-0-0; 10. f4?**

Era más tranquilo 11. Axf6, Dxf6; 12. Cc3.

10. ..., Cg4; 11. g3, h5; 12. h3

Si 12. Cc3, Txd2!!; 13. Dxd2, Axe3; 14. Dc2, Af2+; y se gana la dama.

12. ..., h4!; 13. hxg4

Tampoco era mejor capturar el peón en "h4".

13. ..., hxg3; 14. Tg1, Th1!!; 15. Txh1, g2; 16. Tf1

No servía 16. Tg1, Dh4+; 17. Rd1, Dh1; 18. Dc3, Dxg1+; 19. Rc2, Df2; 20. Ca3, Dxe2; 21. gxf5, Ab4; 22. Dxb4, Dd3+ seguido de g1=D.

16. ..., Dh4+!; 17. Rd1, gxf1=D+ (las blancas abandonaron, ya que si 18. Axf1, Axg4+; seguido de mate).

Posición después de **14. ..., Th1.!!**

124

POLUGAEVSKY-TAL (RIGA,1979)

MIKHAIL TAL (1936 - 1992). LETONIA

Posiblemente se puede considerar a Tal como el Gran Maestro de mayor fuerza atacante de todos los tiempos. Al arrebatar el título a Botvinnik en 1960, se convirtió en el campeón mundial de ajedrez mas joven hasta entonces.

Las partidas de este genio del tablero son de estilo imaginativo; un torbellino de complicaciones impredecibles y de gran belleza, fascinando a todos los aficionados. Sus fulminantes ataques recuerdan y superan las creaciones de Alekhine.

Mikhail Tal ha destacado también como periodista y escritor ajedredecístico. Tanto sus libros, como sus colaboraciones en periódicos y revistas especializadas son de una gran calidad y agudeza.

APERTURA INGLESA

1. Cf3, c5; 2. c4, Cf6; 3. Cc3, d5; 4.cxd5, Cxd5; 5.e4, Cb4; 6. Ac4, Ae6; 7. Axe6, Cd3+; 8. Rf1, fxe6; 9.Cg5, Db6! (a cambio de la debilidad del peón doblado, el negro ha destruido el enroque blanco y ataca el punto débil "f2").

10. De2, c4; 11. b3, h6!; 12. Cf3

Si 12. bxc4, Cf4! y 13. ..., hxg5.

12. ..., Cc6; 13.bxc4, 0-0-0

El peón "c4" ya no tiene importancia, ya que no es posible sacar al travieso caballo de "d3". Si 14. Ce1, Ce5 y si 14. Cd5, exd5; 15. Dxd3, Cb4!; 16. De2, dxe4; 17. Dxe4, Cd3 ¡en la casilla "d3" se pone el otro caballo!

14. g3, g5; 15. Rg2, Dc5; 16. Tb1, Ag7; 17. Cb5, Dxc4; 18. De3, Thf8; 19. Tf1, g4; 20. Ch4, Cxf2! (típica entrega de pieza del excampeón del mundo M.Tal).

21. Cg6

Aceptar el sacrificio es demasiado arriesgado. 21. Txf2, Txf2+; 22. Rxf2, Tf8; 23. Cf5, exf5 recuperando el caballo y con posición ganadora.

21. ..., Td3!; 22. Ca3, Da4; 23. De1, Tdf3 (entregando la torre que no necesita para ganar); **24. Cxf8, Cd3; 25. Dd1, Dxe4; 26. Txf3, gxf3+; 27. Rf1, Df5** (amenaza mate para "h3"); **28. Rg1, Ad4+** (pierde la dama y además es mate).

Posición después de **20. ..., Cxf2!**

125

KASPAROV- SALOV
(BARCELONA, 1989)

GARI KASPAROV. (1963 - ...) RUSIA

Kasparov nació en Bakú, estado de Azerbaiján, el 13 de abril de 1963 y pronto afloró su pasión por el ajedrez, consiguiendo en poco tiempo unos progresos y éxitos impresionantes. Sin duda es el jugador mejor dotado que jamás haya producido la Unión de Republicas Soviéticas.

La característica más acusada del juego de Kasparov es su afán de triunfo y para ello no duda en sacrificar espectacularmente material y complicar el juego.

El estilo de Kasparov es universal, destacando tanto en el juego posicional como en el de combinación, brillando por su alta estrategia y espíritu creativo.

Sus producciones se parecen mucho a las de Alekhine de quien es un gran admirador.

Cuando el 9 de noviembre de 1985 derrotó a Karpov, el genio de Bakú se proclamó, a los 22 años, el campeón más joven de la historia y el gran maestro con más alto ranking internacional de todas las épocas.

APERTURA INGLESA

1. Cf3, Cf6; 2. c4, b6; 3. Cc3, c5; 4. e4, d6; 5. d4, cxd4; 6. Cxd4, Ab7; 7. De2.

Por transposición de jugadas se ha convertido en una posición típica de la Defensa Siciliana.

7. ..., Cbd7; 8. g3, Tc8 (retrasa el desarrollo del flanco de rey, era mejor 8. ..., e6 o g6).

9. Ag2, a6; 10. 0-0, Dc7; 11. b3, e6; 12. Cd5!

Si 12. ..., exd5; 13. exd5+, Rd8; 14. Te1 con la amenaza Ag5 y las negras tienen un difícil desarrollo.

12. ..., Db8; 13. Td1, g6; 14. Ag5, Ag7; 15. Axf6, Cxf6

Si 15. ..., Axf6; 16. Cxf6, Cxf6; 17. e5, Axg2; 18. exf6, Ah3; 19. De3 seguido de f3 y el blanco está mucho mejor a causa de la situación del rey en el medio y la mala posición del alfil.

16. Cxb6, Td8; 17. e5, Axg2

Si 17. ..., dxe5; 18. Cc6.

18. exf6, Axf6; 19. Cxe6! (otro sacrificio para mantener el rey en el centro).

19. ..., fxe6; 20. Dxe6+, Ae7; 21. c5, Ab7 (si 21. ..., Ac6; 22. Cc4)

22. Te1, Dc7; 23. c6! (ante la amenaza Cd5 el negro ha de capturar el peón que se le ofrece).

23. ..., Axc6; 24. Tac1, Td7; 25. Cxd7, Dxd7; 26. Dc4, Ab7

Si 26. ..., Ab5; 27. Dc3 con la amenaza doble de Dxh8 y a4.

27. Dc7, Tf8; 28. Db8+, Rf7; 29. Tc7 y el negro se rindió.

Esta partida obtuvo el premio a la mejor partida de la Copa del Mundo celebrada en Barcelona en 1989.

Posición después del **12. Cd5!**

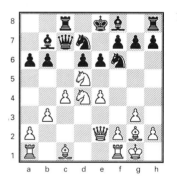

126

KARPOV-KORCHNOI (MOSCÚ, 1974)

ANATOLI KARPOV. (1951 - ...) RUSIA

Anatoli Karpov es el único campeón del mundo que recibió el máximo título sin dispu-

tar ni una sola partida del mundial. Su prede-
cesor, Bobby Fischer, se negó a poner la corona en juego por no estar conforme con las
reglas establecidas por la Federación Internacional de Ajedrez y el máximo organismo
federativo proclamó campeón a Karpov el 24
de abril de 1975.

En 1978, derrotó en Baguio al aspirante
Victor Korchnoi y en 1981 volvió a vencerlo
en su segunda defensa, en el balneario de
Merano.

El estilo de Karpov es eminentemente
posicional, calmoso, pero lleno de determina-
ción y exactitud. Olfatea el peligro de lejos,
tiene una gran seguridad en si mismo, una
profundísima visión del final y una técnica
perfecta. Su juego puede compararse al del
legendario Capablanca. Cuenta con un extraordinario historial, 10 años de campeón del
mundo y sólo pudo ser vencido, en equilibra-
dísimo encuentro, por el inmenso talento de
Gari Kasparov.

DEFENSA SICILIANA

1. e4, c5; 2. Cf3, d6; 3. d4, cxd4; 4. Cxd4, Cf6; 5.Cc3, g6

La variante del dragón de la Siciliana es
una de las líneas más utilizadas de esta defensa.

6. Ae3, Ag7; 7. f3, Cc6; 8. Dd2, 0-0; 9. Ac4, Ad7; 10. h4, Tc8; 11. Ab3, Ce5; 12. 0-0-0, Cc4; 13. Axc4, Txc4; 14. h5, Cxh5; 15. g4, Cf6; 16. Cde2!

La idea fundamental de esta jugada es
reforzar el punto "c3". Además, desde "e2" el
caballo puede ser trasladado fácilmente para
atacar el flanco del rey.

16. ..., Da5; 17. Ah6 (método típico para debilitar el enroque enemigo mediante el cambio de alfiles).

17. ..., Axh6; 18. Dxh6, Tfc8; 19. Td3!

Para reforzar el punto "c3", ya que las tentativas de ataque con 19. g5, Ch5; 20. Cg3 tropiezan con el contraataque 20. ..., Txc3.

19. ..., T4c5 (era mejor 19. ..., Dd8).

20. g5, Txg5; 21. Td5!

Como es lógico no se puede 21. Cd5 porque 21. ..., Txd5! y el caballo negro, principal defensor, queda con vida.

21. ..., Txd5; 22. Cxd5, Te8; 23. Cef4.

No sirve 23. Cxf6, exf6; 24. Dxh7+, Rf8 y no hay mate.

23. ..., Ac6.

Si no se controla el punto "d5" sigue 24. Cxf6+ y Cd5 conduce al mate. En caso de 23. ..., Ae6; 24. Cxe6, fxe6; 25. Cxf6+, exf6; 26. Dxh7+, Rf8; 27. Dxb7, Dg5+; 28. Rb1, Te7; 29. Db8+, Te8; 30. Dxa7 (pero no 30. Th8??, Rg7! y ganan las negras, que amenazan 31. ..., Dg1 mate), 30. ..., Te7; 31. Db8+, Te8; 32. Dxd6+ un "molino" original y poco frecuente.

24. e5! (cortando esta misma quinta horizontal), **Axd5; 25. exf6, exf6; 26. Dxh7+, Rf8; 27. Dh8+ las negras abandonaron** ante: 27. ..., Re7; 28. Cxd5+, Dxd5; 29. Te1+ ganando la torre de "e8".

Posición después de **24. e5!**

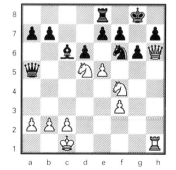

127

ALEKHINE-LASKER
(TORNEO DE ZURICH, 1934)

ALEXANDER ALEKHINE (1892-1946), RUSIA

Alekhine, campeón mundial de 1927-1935 y 1937-1946, nació el 1 de noviembre de 1892 en el seno de una familia aristocrática

En las turbulencias de la revolucion bolchevique fue encarcelado y condenado a muerte. En una visita a la prisión Trotsky le invitó a jugar una partida. Al finalizar el juego, con el triunfo de Alekhine el alto dirigente sovietico le concedió el indulto.

En 1921 huyó a Francia y se doctoró en Derecho en la Sorbona comenzando una serie de éxitos importantes. Su carrera triunfal le hace acreedor a enfrentarse con el campeón del mundo, Capablanca, a quien venció por 6 a 3 y 25 tablas, demostrando una gran energía y dinamismo y una inmensa clase.

Su afición a la bebida le hizo perder su título ante Euwe en 1935, pero dejando de beber en exceso lo recuperó en 1937.

Su forma de jugar era atractiva y brillante, produciendo bellas partidas de combinación, aunque también dominó el juego posicional a la perfección.

Fue maestro y entrenador del entonces niño prodigio Arturo Pomar.

Legó para la posteridad su polémica y siempre dificil defensa Alekhine.

Falleció en Estoril en 1946.

GAMBITO DE DAMA

1. d4, d5; 2.c4

El Gambito de Dama es la apertura cerrada más analizada y más jugada; actualmente continúa completamente en vigor. Las blancas ofrecen un peón a cambio del control central del tablero. Esta apertura tiene muchas variantes que tienen valor por sí mismas.

2. ..., e6

La aceptación del gambito 2. ..., dxc4 es una de las posibles variantes.

3. Cc3, Cf6; 4. Cf3, Ae7; 5. Ag5, Cbd7; 6. e3, 0-0; 7. Tc1 (para controlar la columna).

7. ..., c6 (reforzando el centro y cerrando parcialmente la columna).

8. Ad3, dxc4; 9. Axc4, Cd5; 10. Axe7, Dxe7.

Se ha llegado a una típica posición del Gambito de Dama. Las negras se deciden por efectuar cambios siguiendo el estilo de Capablanca.

11. Ce4, C5f6; 12. Cg3, e5.

Era mejor cambiar damas mediante 12. ..., Db4+; 13. Dd2, Dxd2.

13. 0-0, exd4; 14. Cf5, Dd8; 15. C3xd4, Ce5; 16. Ab3, Axf5; 17. Cxf5, Db6? (la dama se aleja peligrosamente del flanco de rey, donde el blanco puede montar un ataque).

18. Dd6, Ced7! (una buena jugada defensiva, pero como veremos, ya es un poco tarde).

19. Tfd1, Tad8; 20. Dg3 (amenaza mate).

20. ..., g6; 21. Dg5!, Rh8

Cualquier otro movimiento tampoco mejoraría la situación, porque las blancas habrían proseguido simplemente 22. Td6 y 23. T1d1.

22. Cd6, Rg7; 23. e4!, Cg8; 24. Td3, f6 (se amenazaba Tf3); **25. Cf5+, Rh8; 26. Dxg6!!, hxg6; 27. Th3+ y mate en la siguiente jugada.**

Posición después de **26. Dxg6!!**

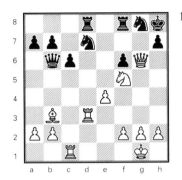

128

KERES-BOTWINNIK
(LENINGRADO, 1939)

MIKHAIL BOTVINNIK. (1911-...)
RUSIA

Natural de San Petersburgo, Botvinnik es el jugador más característico de la llamada Escuela Soviética. Fue campeón del mundo desde 1948 a 1963, pues aunque perdió el título en 1957 y 1960 ante Smyslov y Tal, respectivamente, lo recuperó con autoridad en los encuentros de revancha. Es el único Gran Maestro en la historia del ajedrez que ha reconquistado la corona en dos ocasiones.

Sus éxitos deportivos influyeron positivamente en el resurgimiento del ajedrez en la URSS. Botvinnik tenía un talento incomparable en posiciones estrategicas complejas que requerían rupturas dinámicas; era un profundo estudioso de las aperturas, introduciendo importantes ideas y mejoras. Es considerado asimismo como un finalista muy preciso y hábil.

Destacó tambien como pedagogo y de su escuela de ajedrez, la mas prestigiosa de la Unión Sovietica, surgieron los campeones mundiales Karpov y Kasparov.

DEFENSA NIMZOINDIA

1. d4, Cf6; 2. c4, e6; 3. Cc3, Ab4

Estos movimientos caracterizan a la Defensa Niemzowitsch, que es una de las más importantes respuestas contra 1. d4. La idea es inmovilizar momentáneamente el caballo de "c3" y efectuar la ruptura con c5.

4. Dc2, d5; 5. cxd5, exd5; 6. Ag5, h6; 7. Ah4, c5; 8. 0-0-0

Esta jugada no es muy buena, ya que como veremos más adelante, tanto el rey como la dama blancos están en peligro.

8. ..., Axc3; 9. Dxc3, g5; 10. Ag3.

Las blancas tienen ventaja de desarrollo, pero la mala situación de la dama y del rey les ocasionará graves problemas.

10. ..., cxd4! (abriendo la columna donde se hallan el rey y la dama).

11. Dxd4, Cc6; 12. Da4

Con esta jugada las blancas intentan atrasar el dominio de las negras de la columna "c" mediante la clavada del caballo.

12. ..., Af5; 13. e3, Tc8; 14. Ad3, Dd7 (desclava al caballo).

15. Rb1, Axd3; 16. Txd3, Df5

La clavada mortal: ahora no sirve 17. Dc2 o Dd1 por Cb4.

17. e4, Cxe; 18. Ra1, 0-0!

No valía 18. ..., Cc5 por 19. Te3+, Rf8 y 20. Da3 con buenas posibilidades.

19. Td1, b5! (la entrega del peón permite el asalto final).

20. Dxb5, Cd4! (no se puede comer por Tc1++).

21. Dd3, Cc2+; 22. Rb1, Cb4; 23. Dd4, Cd2+; 24. Ra1, Cc2++ (un mate extraordinario con los dos caballos).

Posición después de **24. ..., Cc2++.**

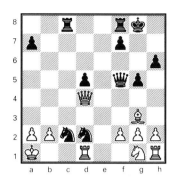

129

CAPABLANCA -STEINER (LOS ÁNGELES, 1993)

JOSÉ RAÚL CAPABLANCA (1888-1942), CUBA

Este gran maestro cubano, de ascendencia catalana, está considerado como el más fuerte jugador dentro de la raza latina y uno de los mayores talentos ajedrecísticos de todos los tiempos. En su época de máximo esplendor estuvo ocho años consecutivos sin perder una sola partida de torneo.

Sus impecables creaciones, jugando siempre con rapidez y facilidad, dan la impresión que Capablanca nació para este arte y que su fuerza de juego era insuperable. Prefería las posiciones claras por su gran técnica e intuición, pero en el ajedrez combinativo y de ataque tampoco tenía rival.

Conquistó el cetro mundial en La Habana, en 1921, batiendo de manera incuestionable a Lasker y lo perdió frente a Alekhine en Buenos Aires en el año 1927.

Le sorprende la muerte en Nueva York el día 8 de marzo de 1942.

APERTURA DE LOS CUATRO CABALLOS

1. e4, e5; 2. Cf3, Cc6; 3. Cc3, Cf6; 4. Ab5, Ab4; 5. 0-0, 0-0; 6. d3, d6; 7. Ag5, Axc3; 8. bxc3, Ce7; 9. Ch4, c6; 10. Ac4, Ae6?

Esta jugada es desacertada y Capablanca la refutará brillantememnte. Era mejor 10. ..., d5; 11. Ab3, Dd6!

11. Axf6, gxf6; 12. Axe6, fxe6; 13. Dg4+, Rf7; 14. f4, Tg8?

Esta jugada conducirá pronto a la pérdida de la partida: era mejor 14. ..., exf4; 15. Txf4 y Cg6.

15. Dh5+, Rg7; 16. fxe5, dxe5; 17. Txf6!! (este sacrificio producirá una continuación muy bonita).

17. ..., Rxf6; 18. Tf1+, Cf5 (con cualquier otro movimiento el mate en dos jugadas es inevitable).

19. Cxf5, exf5; 20. Txf5+, Re7; 21. Df7+, Rd6; 22. Tf6+, Rc5; 23. Dxb7 (se amenaza mate en "b4" y "c6").

23. ..., Db6 (parece que esta jugada defiende los mates pero...).

24. Txc6+!!, Dxc6; 25. Db4 mate.

Posición después de **24. Txc6+!!**

130

Vocabulario de los términos más utilizados en ajedrez

Hemos resumido en este apartado los términos más utilizados habitualmente en ajedrez. Para ayudar a su comprensión indicamos una breve definición.

ABANDONAR: Acabar una partida, asumiendo la derrota uno de los dos jugadores por decisión propia, sin que se haya producido mate.

ACTIVO/A: Se dice de una pieza o de una posición que permite dominar casillas importantes del tablero para poder conseguir una ventaja. En el juego activo las piezas están desarrolladas de una manera armónica, es decir, apoyándose unas a otras.

AHOGAR: Acción de dejar al rey y el resto de piezas contrarias sin poder jugar, porque se controlan todas las casillas hacia las que podría desplazarse el rey y están bloqueadas o clavadas las otras piezas o peones, si hay. En este caso, la partida es declarada tablas.

AJEDRECISTA: Jugador de ajedrez.

AJEDREZ: Juego de mesa, también considerado un deporte, que disputan dos contrincantes con trenta y dos piezas movibles sobre un tablero.

AJEDREZ POSTAL: Es una de las modalidades más practicadas del juego del ajedrez, donde las partidas se disputan enviando las jugadas por correspondencia.

ALFIL: Pieza que se mueve en diagonal, hacia delante o hacia atrás una o más casillas del tablero, siempre sin pasar por encima de ninguna otra pieza.

AMENAZAR: Realizar una jugada o maniobra con la que se pretende obtener una ventaja material o posicional. **LA AMENAZA IMPARABLE** es aquella que crea una desventaja imposible de remediar para el adversario.

APERTURA: Jugada o serie de jugadas con las que empieza una partida. Nombre que reciben estas jugadas, por ejemplo: la Apertura catalana.

APERTURA ABIERTA: Apertura en la que la partida se inicia con el movimiento 1. e4, e5 (1, P4R, P4R). Las blancas mueven dos casillas el peón de la columna de rey y las negras también.

APERTURA CERRADA: Apertura en la que las blancas inician la partida con cualquier jugada que no sea 1. e4 (P4R).

APERTURA SEMIABIERTA: Apertura en la cual las blancas inician el juego con la jugada 1. e4 (P4R) y la respuesta del negro es cualquiera que no sea 1. ..., e5 (P4R).

APLAZAMIENTO: Suspensión temporal de la partida, al acabarse el tiempo prescrito por la sesión de juego, hasta su reanudación.

ÁRBITRO: Persona que vela por el cumplimiento de los reglamentos y realiza los sorteos de aparejamiento en un torneo de ajedrez. Tiene poder para decidir en un litigio producido durante una partida de ajedrez.

ATAQUE: Jugada o serie de jugadas hechas para conseguir aventajar o hacer mate al otro jugador.

ATAQUE DOBLE: Recurso táctico que consiste en hacer un movimiento con una pieza y atacar simultáneamente dos piezas del otro jugador.

BANDO: Cada uno de los dos adversarios o contrincantes.

BLANCAS: Piezas de color más claro, con las que se empieza la partida de ajedrez.

BLANCO, EL/ LAS BLANCAS: Bando que conduce las piezas de color más claro.

BLOQUEAR: Dejar sin movimiento una pieza al ponerse otra delante de ella. Normalmente se bloquean los peones para que no puedan avanzar libremente.

CABALLO: Cada una de las cuatro piezas, dos blancas y dos negras, que tienen la figura de una cabeza de caballo. Se mueve haciendo dos pasos: uno de frente y el otro en diagonal, o bien uno en diagonal y el otro de frente, siempre alejándose del punto de partida.

CAPTURAR, COMERSE, TOMAR, MATAR: Sacar una pieza contraria del tablero y colocar la del bando propio en la casilla que ocupaba ésta.

CASILLA: Cada uno de los sesenta y cuatro cuadros en los que se divide un tablero de ajedrez.

CATEGORÍAS: Títulos con los que se designa la calidad del juego de un jugador. En España existen las siguientes categorías (de peor a mejor): Tercera, Segunda, Primera, Preferente y título de Maestro nacional. Internacionalmente existen los títulos de Maestro de la FIDE, Maestro Internacional y Gran Maestro Internacional.

COLUMNA: Cada una de las ocho hileras de casillas que van en sentido vertical desde el lado del tablero más cercano a uno de los jugadores hasta el lado más cercano al otro jugador.

COMBINACIÓN: Serie de jugadas con las que se quiere obtener una ventaja material o posicional más o menos decisiva.

¡COMPONGO!: Expresión que se utiliza para avisar al adversario de que a pesar de que tocamos una pieza no la queremos mover, sino colocarla bien en el tablero.

CONTRAGAMBITO: Gambito con el que se contesta a otro gambito.

CORONACIÓN/ PROMOCIÓN: Acción de cambiar un peón por la pieza que más convenga, cuando éste llega a la octava línea.

CUBRIR: Poner una pieza propia en una casilla, de manera que pare una amenaza. Normalmente, poner una pieza en una casilla para proteger al rey de un jaque.

DAMA O REINA: Pieza más importante del juego después del rey, y la más poderosa, ya que se puede mover como alfil o como torre, según convenga.

DEBILIDAD: Determinada posición de las piezas de uno de los dos bandos que puede permitir al otro bando explotarlas (beneficiarse) consiguiendo una ventaja.

DEFENSA: Jugada o serie de jugadas con las que las negras contestan la apertura de las blancas. Por ejemplo: la Defensa siciliana. En sentido más amplio, la defensa es una jugada o una serie de jugadas que se realizan para contrarrestar un ataque contrario.

DESARROLLO: Acción de mover las piezas y colocarlas en posiciones que sean lo más activas posible.

DIAGONAL: Cada una de las hileras de casillas del mismo color unidas por vértices alternos.

"ELO": Sistema matemático y estadístico que se utiliza para evaluar la calidad del juego (la categoría) de los jugadores.

ENROCAR: Mover el rey dos casillas en dirección a una torre y, en la misma jugada, poner esta torre en la primera casilla del otro lado del rey.

ENROQUE: Acción de enrocar.

ENROQUE CORTO: Enroque que se hace con el rey y la torre del flanco de rey.

ENROQUE LARGO: Enroque que se hace con el rey y la torre del flanco de dama.

ESTRATEGIA: Conjunto de principios de valoración de una posición determinada (por ejemplo, la debilidad de los peones doblados) que nos permite elaborar un plan.

FEDERACIÓN DE AJEDREZ: Organismo que integra a las distintas entidades dedicadas a la práctica del ajedrez.

"FIANCHETTO": Determinada posición del alfil en la que es movido a una de las casillas b2, b7, g2 o g7.

FILA: Cada una de las casillas horizontales que van de un lado a otro del tablero.

FLANCO O ALA DE DAMA: Conjunto de casillas situadas a la izquierda del rey blanco y a la derecha del rey negro, tal y como están situados al empezar la partida.

FLANCO O ALA DE REY: Conjunto de casillas situadas a la derecha de la dama blanca y a la izquierda de la dama negra, tal y como están situados al inicio de la partida.

GAMBITO: Nombre que reciben algunas aperturas en las que uno de los dos jugadores entrega voluntariamente un peón u otra pieza, con tal de conseguir alguna ventaja.

HORQUILLA/DOBLE DE CABALLO: jugada de caballo con la que se amenazan dos piezas simultáneamente.

JAQUE A LA DESCUBIERTA: Jaque que se efectúa al retirar una pieza propia que impedía la acción de otra que se encontraba detrás suyo.

JAQUE DOBLE: Jaque que dan dos piezas simultáneamente al rey.

JAQUE CONTINUO : Serie de jaques al rey que se suceden ininterrumpidamente, sin que otro jugador pueda evitarlo.

¡JAQUE!, ¡JAQUE AL REY!: Expresión con que un jugador advierte al otro que la casilla que ocupa el rey de éste está amenazada.

JAQUE MATE, MATE: Expresión empleada para indicar que el rey, que está en jaque, no puede eludirlo y, por tanto, la partida está acabada.

JUEGO POSICIONAL: Planteamiento estratégico de la partida, según el cual se intenta lograr a medio o largo plazo una buena posición de las piezas que permita un desenlace victorioso.

JUGADA: Acción de un jugador cada vez que mueve una pieza.

JUGADA ILEGAL: Jugada que no se puede realizar porque va en contra de los reglamentos.

JUGADA SECRETA: Jugada que no se efectúa en el tablero, pero se escribe en la planilla de notación cuando termina una sesión de juego y la partida no se ha acabado.

JUGADOR: Cada uno de los dos contrincantes en una partida de ajedrez.

MÉTODO DE NOTACIÓN: Método abreviado para anotar jugadas y posiciones.

MOVER: Hacer una jugada.

NEGRAS: Piezas de color más oscuro que mueve el segundo jugador de la partida.

NEGRO, EL/ LAS NEGRAS: Bando que conduce las piezas de color más oscuro.

PARTIDA: Serie de jugadas que forman un juego completo.

PARTIDA RAPIDA: Partida en la que cada jugador tiene un espacio de tiempo muy reducido para efectuar sus movimientos, generalmente cinco minutos.

PEÓN: Cada una de las dieciséis figuras del juego, ocho de blancas y ocho de negras que, al empezar la partida, están situadas en la segunda y séptima fila, respectivamente.

PEÓN AISLADO: Peón que no tiene a la columna contigua, de derecha o izquierda, ningún otro peón del mismo bando.

PEONES DOBLADOS: Aquellos dos peones del mismo bando, que están uno delante del otro, en la misma columna.

PEÓN PASADO: Peón que no tiene delante suyo, ni a derecha ni a izquierda, ningún peón contrario.

PEÓN RETRASADO: Peón que forma parte de una cadena de peones, pero que no es apoyado por ninguno de estos.

PIEZA: En general, cada una de las figuras que se mueven en el juego del ajedrez. En sentido estricto, todas las figuras (rey, dama, alfil, caballo y torre) excepto los peones.

PIEZA CLAVADA: Pieza que no se puede mover de manera reglamentaria, porque dejaría al rey en jaque.

PIEZA SOBRECARGADA: Pieza que efectúa diversas funciones de defensa a la vez, lo que puede suponer una desventaja.

PLAN: Conjunto de acciones ofensivas y defensivas (jugadas, maniobras, golpes tácticos), proyectadas para llevar a cabo un objetivo a partir de la valoración de una posición determinada.

PLANILLA: Hoja en la que se anotan las jugadas de una partida de ajedrez.

POSICIÓN: Estructura formada por los peones y las piezas de los dos jugadores en un momento dado de la partida.

RED DE MATE: Secuencia de jugadas que llevan al mate.

RELOJ DE AJEDREZ: Aparato para controlar el tiempo de que se dispone para efectuar un número determinado de jugadas, en una sesión de juego. Se compone de dos esferas (relojes) que se ponen en marcha alternativamente, mediante un mecanismo que, al parar uno, pone en marcha el otro.

REY: Pieza principal del juego, que puede moverse en todas direcciones, pero sólo una casilla en cada jugada (excepto en la jugada del enroque).

SACRIFICIO/ENTREGA DE MATERIAL: Entrega de una o diversas piezas o peones, para obtener un beneficio posterior en la partida.

SIMULTÁNEAS, PARTIDAS: Partidas de ajedrez en las que un solo jugador se enfrenta a diversos adversarios al mismo tiempo.

TABLAS: Resultado de empate en una partida de ajedrez. Estado del juego en el que ninguno de los dos jugadores puede ganar o en el que se ponen de acuerdo para que así sea.

TABLERO DE AJEDREZ: Tablero cuadrado dividido en sesenta y cuatro casillas, para jugar a diversos juegos de mesa, especialmente a ajedrez.

TÁCTICA: Conjunto de métodos concretos (combinaciones, maniobras, sacrificios, etc.) para llevar a cabo el plan estratégico general.

TIEMPO: Cantidad de minutos o segundos que le faltan a un jugador para llegar al control de las jugadas. Un jugador pierde una partida por tiempo cuando no efectúa la cantidad de jugadas establecidas en el límite de tiempo concedido.

TIEMPO DE DESARROLLO: Número de jugadas de desarrollo de las piezas en relación al contrincante.

TIEMPO DE ESPERA: Jugada que se hace con la única finalidad de que sea el contrincante el que tenga que mover.

TOMAR AL PASO: Jugada que se produce cuando un peón avanza dos casillas y el otro jugador lo captura con un peón suyo, como si el primero sólo hubiera avanzado una casilla.

TORRE: Cada una de las cuatro piezas del juego, dos de blancas y dos de negras que, al iniciarse la partida, son situadas en las casillas correspondientes a los cuatro ángulos del tablero. Puede moverse en todas las direcciones, en línea recta, siguiendo las filas o las columnas.

VARIANTE: Conjunto de jugadas ordenadas y analizadas a partir de una posición concreta.

VENTAJA: Situación en la que uno de los dos bandos tiene mejores perspectivas para ganar la partida. Se puede hablar de ligera ventaja o ventaja decisiva, según las posibilidades de ganar para el bando que tiene la ventaja.

VENTAJA MATERIAL: Ventaja de uno de los dos bandos en cuanto al número de piezas o a su valor.

VENTAJA POSICIONAL: Ventaja de uno de los dos bandos, relacionada con la mejor posición de sus piezas, mayor desarrollo, etc.

"ZUGZWANG": posición en la que se está obligado a realizar una jugada poco conveniente porque nos toca jugar y ninguno de los posibles movimientos es satisfactorio.

Ejercicios

EJERCICIOS: EL MOVIMIENTO DE LAS PIEZAS

Ejercicio 1:

¿Cómo puede capturar el caballo blanco al peón y cuántas jugadas necesita como mínimo?

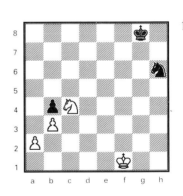

Ejercicio 2:

¿Cómo puede el alfil blanco ganar un peón negro?

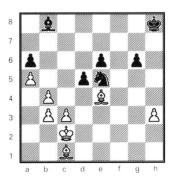

Ejercicio 3:

¿Qué bando crees que tiene mejor posición?
Razona la respuesta.

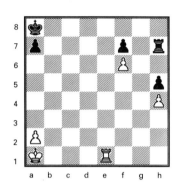

Ejercicio 4:

Si le tocara jugar al blanco, ¿podría ganar
alguna pieza?

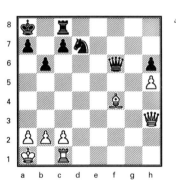

Ejercicio 5:

¿Sería una buena jugada por parte del rey
negro capturar al peón blanco de "d3"?

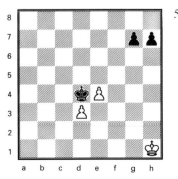

Ejercicio 6:

¿Cuál es en esta posición la mejor jugada del blanco?

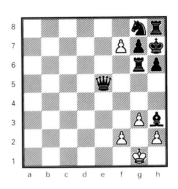

Ejercicio 7:

¿Puede realizar el bando blanco el enroque corto o el enroque largo?

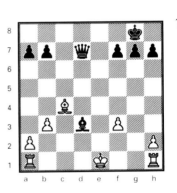

Ejercicio 8:

El bando blanco acaba de anunciar mate a su adversario ¿es cierta esta afirmación?

EJERCICIOS: EL MATE

En los diagramas del 9 al 16 juega el bando blanco y puede dar mate.
¿Podrías decir mediante qué jugadas?

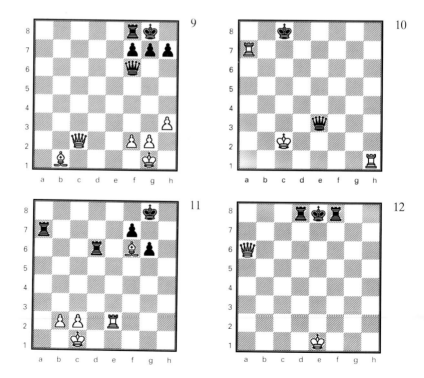

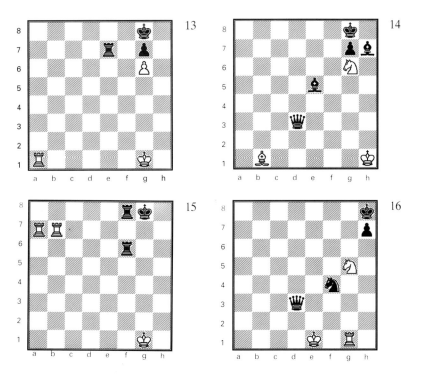

EJERCICIOS: LA APERTURA

Ejercicio 17:
¿Es correcto el desarrollo de las piezas del
bando negro?
Explica el porqué de tu respuesta.

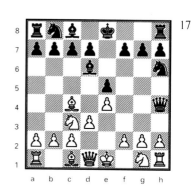

Ejercicio 18:

El blanco amenaza el punto **"f7"** con dos
piezas, ¿cuál es la mejor defensa del negro?

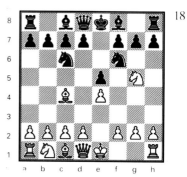

Ejercicio 19:

El negro acaba de jugar **Te8**.
¿Es una buena jugada?
Explica por qué.

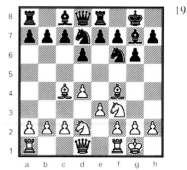

Ejercicio 20:

El blanco ha capturado el peón de **"d5"**. ¿Ha sido correcta su decisión? Razona la respuesta.

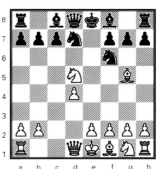

Ejercicio 21:

El negro ha jugado **De7** con la intención de ganar el caballo. Es posible salvarse de esta jugada. ¿Con qué jugada del blanco?

Ejercicio 22:

Después de la jugada **e3** del blanco, el negro tiene una continuación decisiva. ¿Cuál es la jugada ganadora?

Ejercicio 23:

El peón de **"d4"** está amenazado por dos piezas negras y sólo le defiende el caballo de **"f3"**. ¿Es bueno para el negro capturar este peón? ¿Por qué?

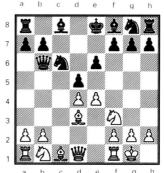

EJERCICIOS: ESTRATEGIA (LOS PLANES)

En todas estas posiciones (ejercicios del 24 al 31) juega el bando blanco.
¿Qué planes seguirías en cada caso para conseguir alguna ventaja?

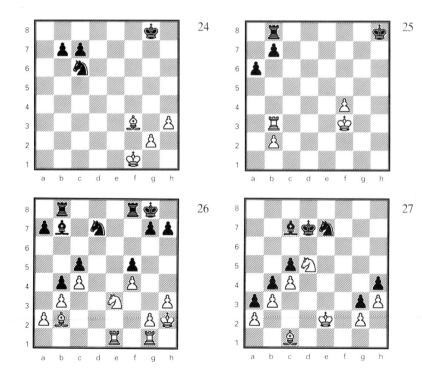

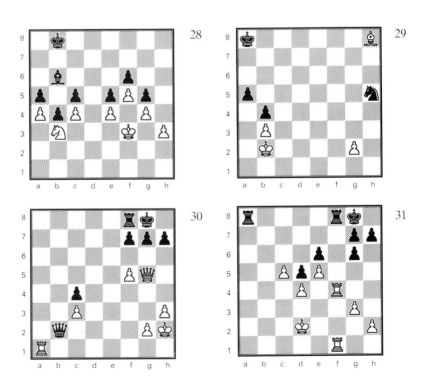

EJERCICIOS: COMBINACIONES

En todas las posiciones representadas en los siguientes ejercicios (del 32 al 47) le toca jugar al bando blanco. ¿Puedes indicar de qué manera pueden ganar la partida dando mate o obteniendo una ventaja decisiva?

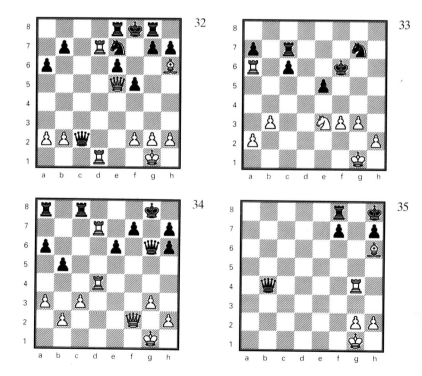

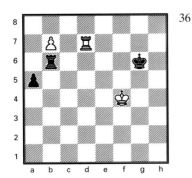

36

37

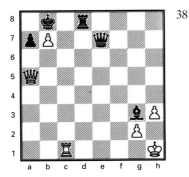

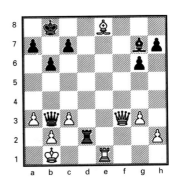

38

39

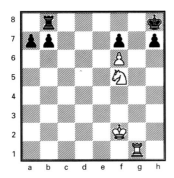

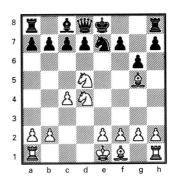

40

41

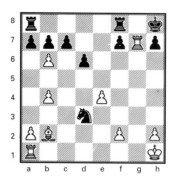

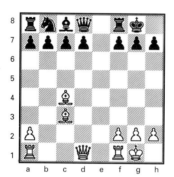

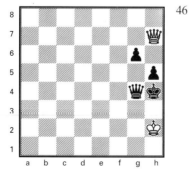

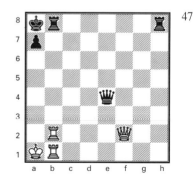

EJERCICIOS: FINALES

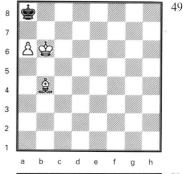

Ejercicio 48:

¿Qué plan escogerías en esta posición para el bando blanco? Indica con qué jugadas llevarías a cabo este plan.

Ejercicio 49:
¿Puede ganar el bando blanco en esta posición? Explica el porqué de tu respuesta.

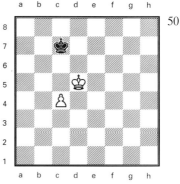

Ejercicio 50:

¿Cuál es la jugada ganadora en esta posición?

Ejercicio 51:

¿Cómo se puede ganar en esta posición?

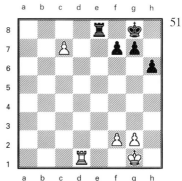

Ejercicio 52:

Indica de qué modo puede coronar el peón situado en la casilla "**a7**".

Ejercicio 53:

El bando blanco puede dar mate en cuatro jugadas a su adversario, indica cómo puede llevarlo a cabo.

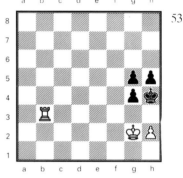

Ejercicio 54:

Indica la manera de ganar por parte del bando blanco.

Ejercicio 55:

¿Es buena la jugada **1. a7** por parte del blanco? Di las jugadas con las que se puede ganar la partida.

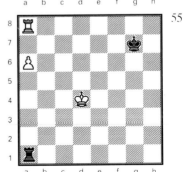

Soluciones

SOLUCIONES: EJERCICIOS DEL MOVIMIENTO DE LAS PIEZAS

Ejercicio 1: **1. Ce3** seguido de **Cc2** y **Cxb4**.

Ejercicio 2: **1. Ag2** seguido de **Af1** gana el peón de **a6**.

Ejercicio 3: Las blancas tienen mejor posición, ya que su torre tiene mucha más movilidad, puede ir a trece casillas y atacar a los peones negros. La torre negra sólo tiene acceso a dos casillas y tiene una actitud totalmente pasiva.

Ejercicio 4: Típica situación en la que gana el bando al que toca jugar. Si juega el blanco: **1. Dxd7**, y el negro no puede hacer **1. ..., Dxf4**; a causa de **2. Dxc8 mate**. Si jugar el negro haría: **1. ..., Dxf4**; y el blanco no puede jugar **2. Dxd7**, por la respuesta **2. ..., Dxc1 mate**.

Ejercicio 5: No sería una buena jugada, ya que el rey negro no podría parar la coronación del peón de la columna **"e"**. Es decir, si **1. ..., Rxd3; 2. e5** seguido de **e6**, etc.

Ejercicio 6: No siempre la mejor jugada al coronar un peón es cambiarlo por una dama. En este caso **1. f8=C mate!** (con cualquier otra jugada perdería inmediatamente).

Ejercicio 7: No se puede hacer el enroque corto, ya que la casilla **"f1"** por donde tiene que pasar el rey está amenazada. En cambio, sí es posible enrocar largo.

Ejercicio 8: Depende de cuál haya sido la última jugada del blanco. Si ha avanzado el peón dos casillas, quien da mate es el bando negro tomando el peón al paso. Si el peón blanco estaba en **"g3"**, entonces sí que es mate del bando blanco.

SOLUCIONES: EJERCICIOS DE MATE

Ejercicio 9: 1. Dxh7 mate.

Ejercicio 10: 1. Th8+, De8; 2. Txe8 mate.

Ejercicio 11: 1. Te8+, Rh7; 2. Th8 mate.

Ejercicio 12: 1. De6 mate.

Ejercicio 13: 1. Ta8+, Te8; 2. Txe8 mate.

Ejercicio 14: 1. Aa2+, Dd5+; 2. Axd5 mate.

Ejercicio 15: 1. Tg7+, Rh8; 2. Th7+, Rg8; 3. Tag7 mate.

Ejercicio 16: 1. Cf7 mate.

SOLUCIONES: EJERCICIOS DE APERTURA

Ejercicio 17: El desarrollo del negro ha sido totalmente incorrecto:

1) La dama ha sido prematuramente trasladada a la casilla **"h4"**, porque después de la jugada Cf3 tendrá que retirarse, por lo que se habrán perdido diversos tiempos.

2) El alfil situado en **"d6"** impide el desarrollo del importante peón central de la columna **"d"**.

3) El caballo sacado por la casilla **"h6"** es también un error, porque los caballos deben centralizarse e intentar que dominen el máximo número de casillas posibles.

Ejercicio 18: La mejor continuación del negro es: **1. ..., d5** y contra **2. exd5; 2. ..., Ca5** amenazando al alfil; **3. Ab5+, c6; 4. dxc6, bxc6; 5. Ae2** y el negro tiene un mejor desarrollo a cambio de un peón cedido.

Ejercicio 19: La jugada 1. ..., Te8 ha sido muy mala debido a **2.Axf7+!, Rxf7; 3. Cg5+, Rf8; 4. Ce6** atrapando la dama.

Ejercicio 20: La captura del peón en **"d5"** ha sido muy incorrecta por la respuesta: **1. ..., Cxd5!; 2. Axd8, Ab4+; 3. Dd2, Axd2+; 4. Rxd2, Rxd8** y el negro ha ganado una pieza por un peón.

Ejercicio 21: El blanco contesta **1. 0-0!** y si **1. ..., Dxe5; 2. Te1** ganaría la dama.

Ejercicio 22: La jugada ganadora del negro es **1. ..., Da5+** seguido de **Dxg5** y gana el alfil.

Ejercicio 23: Si **1. ..., Cxd4?; 2. Cxd4, Dxd4?; 3. Ab5+** gana la dama negra.

SOLUCIONES: EJERCICIOS DE ESTRATEGIA (LOS PLANES)

Ejercicio 24: El cambio **1. Axc6** es un buen plan porque el final resultante es muy ventajoso para el bando blanco, debido a los peones doblados en **"c6"** y **"c7"**. El rey blanco puede ir a capturar los peones negros, mientras que el rey negro no puede capturar los peones blancos. Si por ejemplo el rey negro llegara a la casilla **"g3"** no podría capturar el peón de **"g2"**, porque se le escaparía el peón de **"h3"** y no podría evitar la coronación.

Ejercicio 25: La manera de ganar esta posición sería efectuar la jugada **1. Tb6** que bloquea el peón retrasado de **"b7"** y mantiene pasiva la defensa de la torre en **"b8"**. El bando blanco podrá efectuar el avance del peón de la columna **"f"** ayudado por su rey y su torre.

Ejercicio 26: Las torres necesitan columnas abiertas para conseguir su mejor eficacia. Por lo tanto, una buena jugada en esta posición sería **1.g4** ya que si **1. ..., fxg4; 2. Cxg4** que amenaza jugar **Ch6** seguido de mate. Si las negras no aceptan el cambio de peones, las blancas abrirán igualmente la columna mediante la jugada **g4xf5**.

Ejercicio 27: Un buen plan sería cambiar los caballos mediante la jugada **1. Cxe7, Rxe7; 2. Ag5+** y el alfil "bueno" se impone al alfil "malo", ya que se come los peones de **"h4"** y **"g3"**.

Ejercicio 28: El caballo del bando blanco es superior al alfil en esta posición cerrada, porque amenaza a los peones de **"a5"** y **"c5"**, además de bloquear el peón pasado negro de **"b4"**. El plan ganador sería dar "entrada" al rey negro mediante la jugada: **1. h4!, gxh4; 2. Rg2** seguido de **Rh3** y **Rxh4, g5,** etc.

Ejercicio 29: El caballo negro está muy mal colocado y el bando blanco se puede aprovechar haciendo la jugada **1. Ae5!** que deja sin salida al caballo, que será capturado con el peón de la columna **"g"**.

Ejercicio 30: Ésta es una posición típica en la que el blanco puede forzar el mate: **1. f6!, g6** (única)**; 2. Dh6** seguido de mate a **"g7"**.

Ejercicio 31: El peón pasado es una ventaja para el bando que cuenta con él. En la posición del diagrama 16 se gana sencillamente cambiando las torres. **1. Txf8, Txf8; 2. Txf8, Rxf8** y ahora es necesario acercarse con el rey al peón pasado para apoyar su avance.

SOLUCIONES: EJERCICIOS DE COMBINACIONES

Ejercicio 32: 1. Df6 mate.

Ejercicio 33: 1. Cd5+ y gana la torre, ya que el peón de **"c6"** está clavado .

Ejercicio 34: 1. Tg4, Dxg4; 2. Dxf7+, Rh8; 3. Dxh7 mate.

Ejercicio 35: 1. Ag7+, Rg8; 2. Ad4 mate.

Ejercicio 36: Td6+, Txd6; 2. b8=D.

Ejercicio 37: 1. Dh6, Df8; 2. Dxh7, Rxh7+; 3. Th1+, Dh6, 4. Txh6+, Rxh6; 5. Th1 mate.

Ejercicio 38: 1. Tc8+, Txc8; 2. Dxa7+!, Rxa7; 3. bxc8=C+!, Rb8; 4. Cxe7 y el final está ganado por parte del bando blanco.

Ejercicio 39: 1. Da8+, Rxa8; 2. Ac6+, Rb8; 3. Te8 mate.

Ejercicio 40: 1. Ch6 (amenaza mate con Cxf7), **Tf8; 2. Tg8+!, Txg8; 3. Cxf7 mate** (tema de la desviación).

Ejercicio 41: 1. Cf6+, Rf8; 2. Ah6 mate.

Ejercicio 42: 1. Tg8+, Rxg8; 2. Tg1 mate.

Ejercicio 43: 1. Da8 mate.

Ejercicio 44: 1. Dg4, g6 (para evitar el mate)**; 2. Dd4** no hay defensa contra el mate a **"g7"** o **"h8"**.

Ejercicio 45: 1. Df8+, Dg8; 2. Df6, Dg7; 3. Dxg7 mate.

Ejercicio 46: 1. De7+, Dg5; 2. De4+!, Dg4; 3. De3!! (provocando el "zugzwang"), **Dg5; 4. Dh3 mate** (si 3. ..., Df5; 4. Dg3 mate; y si 3. ..., g5; 4. De1+, Dg3, 5. Dxg3 mate).

Ejercicio 47: 1. Dxa7+, Rxa7; 2. Ta2+, Da4; 3. Txa4 mate.

SOLUCIONES: EJERCICIOS DE FINALES

Ejercicio 48: El plan correcto en este tipo de posiciones es colocar las torres en la séptima fila.

1. Td7, Tf7 (para evitar que el blanco doble torres en la fila); **2. Txf7, Rxf7; 3. Tc7+, Rg8; 4. Txb7,** etc.

Ejercicio 49: A pesar de la ventaja material, no es posible ganar en esta posición donde el alfil blanco no controla la casilla de coronación del peón.

Ejercicio 50: La manera de ganar es **1. Rc5** (ganando la oposición) , **Rd7; 2. Rb6.** En caso de avanzar el peón **1. c5??, Rd7;** el blanco sólo podría hacer tablas.

Ejercicio 51: Se gana con **1. Td8!.** La torre no puede ser capturada, ya que si **1. ..., Txd8; 2. cxd8=D.**

Ejercicio 52: La solución es **1. Tc8+, Rxc8; 2. a8=D.**

Ejercicio 53: Ésta es una bonita posición de mate en cuatro jugadas: **1. Th3+!, gxh3+; 2. Rf3, g4+; 3. Rf4, g3; 4. hxg3 mate.**

Ejercicio 54: No es muy difícil de ganar pero sí un poco largo.
1. Df7+, Rg1; 2. De6, Rf2; 3. Df5+, Rg2; 4. De4+, Rf2; 5. Df4+, Rg1; 6. De3+, Rf1; 7. Df3+, Re1; 8. Rc6 (para ganar se ha de ir acercando el rey al peón, pero hasta ahora no se había podido), **Rd2,; 9. Dd5+, Rc2; 10. De4+, Rd1; 11. Dd3+, Re1; 12. Rd5, Rf2; 13. Df5+, Rg1; 14. De4, Rf1; 15. Df3+, Re1; 16. Rd4, Rd2; 17. Dd3+, Re1; 18. Re4, Rf1; 19. Df3+, Re1; 20. Rd3, Rd1; 21. Dxe2+.**

Ejercicio 55: Si avanza el peón **1. a7?** la partida acaba en tablas. La manera de ganar es la siguiente:
1. Rc5, Rf7; 2. Rb6, Tb1+; 3. Ra7, Re7; 4. Tb8, Ta1; 5. Rb7, Tb1+; 6. Ra8, Ta1; 7. a7, Rd7; 8. Rb7, Tb1+; 9. Ra6, Ta1+; 10. Rb6, Tb1+; 11. Rc5 y se gana.

Reglamentación del ajedrez

Texto del Reglamento de la Federación Internacional de Ajedrez (FIDE), aprobado en el congreso de Thessaloniki, 1984. revisado en el congreso de esta misma ciudad de 1988 y el de Manila de 1992, vigente a partir del 1 de Enero de 1993.

INTRODUCCIÓN

Las Leyes del Ajedrez no pueden regular todas las situaciones que puedan surgir durante una partida, como tampoco regular todas las cuestiones de organización.

En la mayoría de los casos no legislados de modo preciso por un artículo de las Leyes, el árbitro debe ser capaz de aplicar su juicio correcto, estableciendo analogías con situaciones sí tratadas en ellas.

Se supone que tales casos, el árbitro posee la competencia, el buen criterio i la absoluta objetividad que la situación requiere. Un reglamento excesivamente detallado le privaría de libertad de apreciación y podría impedirle hallar la solución dictada por la lógica, la ecuanimidad y la consideración de factores especiales.

La FIDE solicita de todos los jugadores y de la Federaciones de Ajedrez que acepten este criterio.

Aquellas Federaciones que ya se rijan, o quieran regirse, por reglas más detalladas tienen libertad para hacerlo, siempre que:

A) dichas reglas no sean contradictorias con las leyes oficiales de la FIDE,
B) estén limitadas al territorio de la Federación correspondiente, y
C) no sean válidas para ningún match FIDE, campeonato o prueba de clasificación, o torneo para la consecución de rating o título de la FIDE.

En los artículos de estas Leyes los términos "el" y "su" (de él) son aplicables a "ella" y "su" (de ella).

Artículo 1. EL TABLERO DE AJEDREZ

La partida de Ajedrez tiene lugar en un tablero cuadrado, (llamado tablero de ajedrez), entre dos contendientes que mueven sus piezas.

1.1 El tablero de ajedrez se compone de sesenta y cuatro casillas, todas ellas idénticas dimensiones y colores, alternativamente claras (casillas blancas) y oscuras (casillas negras).

1.2 El tablero de ajedrez se coloca entre los dos jugadores de manera que la casilla correspondiente al ángulo derecho de cada uno de ellos sea blanca.

1.3 Las ocho hileras de casillas verticales se llaman "columnas".

1.4 Las ocho hileras de casillas horizontales se llaman "filas".

1.5 Los conjuntos de casillas del mismo color, enlazados entre si en línea recta se llaman "diagonales".

Artículo 2. LAS PIEZAS

2.1 En el momento de iniciarse la partida, un jugador tiene dieciséis piezas de color claro (piezas blancas) y el otro dieciséis piezas de color oscuro (piezas negras).

2.2 Las piezas son las siguientes:

– Un rey blanco representado usualmente por el símbolo:
– Una dama blanca representada usualmente por el símbolo:
– Dos torres blancas representadas usualmente por el símbolo:
– Dos alfiles blancos representados usualmente por el símbolo:
– Dos caballos blancos representados usualmente por el símbolo:
– Ocho peones blancos representados usualmente por el símbolo:
– Un rey negro representado usualmente por el símbolo:
– Una dama negra representada usualmente por el símbolo:
– Dos torres negras representadas usualmente por el símbolo:
– Dos alfiles negros representados usualmente por el símbolo:
– Dos caballos negros representados usualmente por el símbolo:
– Ocho peones negros representados usualmente por el símbolo:

La posición inicial de las piezas en el tablero es la siguiente:

Artículo 3. EL ORDEN DEL JUEGO

3.1 El jugador que tiene las piezas blancas inicia la partida. Las jugadas se realizan alternativamente – una jugada por cada jugador– hasta que termina la partida.

3.2 Se dice que a un jugador "le toca jugar" cuando el oponente ha completado su jugada (ver Artículo 6).

Artículo 4. DEFINICIÓN GENERAL DE LA JUGADA

4.1 Con excepción del enroque (Artículo 5.1 b) una jugada consiste en el traslado por un jugador de una de sus piezas de una casilla a otra que esté libre u ocupada por una pieza del oponente..

4.2 Exceptuados la torre, al efectuar el enroque (Artículo 5.1 b) y el caballo (Artículo 5.5), ninguna pieza puede rebasar una casilla ocupada por otra pieza.

4.3 Una pieza jugada a una casilla ocupada por otra del oponente, captura ésta como parte de la misma jugada. La pieza capturada debe ser inmediatamente retirada del tablero por el jugador que realiza la jugada (Para la captura al paso ver Artículo 5.6 c).

Artículo 5. EL MOVIMIENTO DE LAS PIEZAS

5.1 EL REY

a) A excepción de cuando se efectúa el enroque, el rey se puede desplazar desde su casilla hasta cualquiera de las casillas contiguas siempre que no esté atacada por una pieza del oponente.

b) En enroque en el que intervienen el rey y una de las torres, se considera una sola jugada del rey y se efectúa del modo siguiente: se desplaza el rey, desde su casilla de origen, dos casillas a la izquierda o a la derecha de la primera fila, y a continuación se hace pasar la torre por encima del rey y se coloca en la casilla que el rey acaba de franquear.

c) Si un jugador toca primero una de las torres y después el rey, no puede efectuar el enroque con dicha torre, el caso será regulado por los artículos 7.2 y 7.3.

d) Si un jugador toca primero el rey, o simultáneamente el rey y una torre, con la intención de enrocarse, y acto seguido se pone de manifiesto que ese enroque es ilegal, dicho jugador podrá elegir entre mover el rey o enrocarse con la otra torre, si ello es posible. Si el rey no dispone de jugadas legales posibles, el jugador queda en libertad para efectuar cualquier otra jugada legal.

e) El enroque es ilegal:
I) si se ha movido el rey;
II) si se ha movido la torre con la que pretende efectuarlo.

f) El enroque está impedido temporalmente:
I) si la casilla original del rey, o la casilla que ha de atravesar el rey, o la casilla que ha de ocupar al hacer el enroque, están atacadas por una pieza del oponente, o
II) si se encuentra alguna pieza entre el rey y la torre con la cual se quiere efectuar el enroque.

5.2 LA DAMA

La dama se puede desplazar a cualquier casilla (con excepción de las acotadas en el Artículo 4.2) de la fila, columna y diagonales en que se encuentra.

5.3 LA TORRE

La torre se puede desplazar a cualquier casilla (con excepción de las acotadas en el Artículo 4.2) de la fila o columna en que se encuentra.

5.4 EL ALFIL

El alfil se puede desplazar a cualquier casilla (con excepción de las acotadas en el Artículo 4.2) de las diagonales en que se encuentra.

5.5 EL CABALLO

El movimiento del caballo se compone de dos pasos diferentes: primero se mueve una sola casilla en línea recta de la fila o columna en que se encuentra, y luego alejándose siempre de su punto de partida, se mueve a una casilla contigua en diagonal. No importa que la casilla del primer paso esté ocupada.

5.6 EL PEÓN

a) El peón sólo puede desplazarse hacia adelante.

b) En su primer movimiento, y exceptuando cuando efectúa una captura, el peón puede avanzar una o dos casillas, siempre que estén libres, de la columna en que se encuentra, y en los demás movimientos sólo puede avanzar una casilla, siempre que esté libre, de la misma columna. Para capturar, el peón avanza en diagonal hasta una casilla contigua a la suya.

c) Un peón cuando ataca una casilla atravesada por un peón del oponente que ha avanzado dos casillas en su primer movimiento, puede capturar dicho peón como si hubiera avanzado una sola casilla. Esta captura sólo puede hacerse como respuesta inmediata al citado avance y es conocido como "captura al paso".

d) Cuando un peón alcanza la última fila, se debe cambiar inmediatamente, como parte integrante de la misma jugada, por una dama, una torre, un alfil o un caballo del mismo color de dicho peón, a elección del jugador e independientemente de las piezas que aún quedan en el tablero. Este cambio del peón por otra pieza se llama "Promoción", y el efecto de la pieza promocionada sobre el tablero es inmediato.

e) En una competición, si el jugador no tiene inmediatamente a su disposición una nueva pieza para la promoción, puede parar el reloj y solicitar la asistencia del Árbitro. El jugador debe completar su jugada correctamente en la manera especificada en el Artículo 5.6 d).

Artículo 6. LA JUGADA COMPLETADA

6. Una jugada está completada:

6.1 En el caso del traslado de una pieza a una casilla que esté libre, cuando la mano del jugador ha soltado la pieza.

6.2 En el caso de una captura, cuando la pieza capturada ha sido retirada del tablero, y el jugador, tras colocar su pieza en la nueva casilla, ha soltado la pieza de su mano.

6.3 En el caso del enroque, cuando la mano del jugador ha soltado la torre en la casilla franqueada por el rey. Cuando el jugador ha soltado el rey, la jugada no está aún completada, pero ya no tiene derecho a hacer otra jugada distinta de ese enroque, siempre que éste sea legal.

6.4 En el caso de la promoción de un peón, cuando dicho peón ha sido retirado del tablero y de la mano del jugador, tras ubicar la nueva pieza en la casilla de promoción, la ha soltado. Si la mano del jugador suelta el peón, una vez éste ha promocionado, el movimiento no está aún completado, pero el jugador no tiene ya derecho a jugar el peón a otra casilla.

6.5 Al comprobar si se ha hecho el número de jugadas prescrito en el tiempo estipulado, la última jugada no se considerará completada hasta que el jugador no haya detenido su reloj.

Esto rije para todas las situaciones, excepto para las previstas en los artículos 10.1, 10.2, 10.3, 10.4 y 10.6.

Artículo 7. PIEZA TOCADA

7.1 El jugador, al cual corresponde jugar, puede ajustar la posición de una o varias piezas en sus casillas siempre que exprese – previamente– su intención de hacerlo (por ejemplo, diciendo – "compongo"–).

7.2 A excepción del caso anterior, si un jugador al cual corresponde jugar toca deliberadamente, sobre el tablero:

a) Una o más piezas del mismo color, tiene que mover o capturar la primera pieza tocada que pueda mover o capturar, o bien;

b) una de sus piezas y una de las piezas del contrario, tiene que capturar ésta con la suya; o si ello fuera ilegal, tiene que mover o capturar la primera pieza tocada que pueda mover o capturar.

Si es imposible establecer qué pieza fue tocada primero, la pieza del jugador debe ser considerada la pieza tocada.

7.3 Si ninguna de las piezas tocadas dispone de una jugada legal (o si ninguna de las piezas contrarias tocadas puede ser capturada legalmente), el jugador es libre de hacer cualquier jugada legal que desee.

7.4 Si un jugador quiere denunciar que su adversario ha violado el Artículo 7.2, debe hacerlo antes de que él mismo toque una pieza.

Artículo 8. POSICIONES ILEGALES

8.1 Si en le curso de una partida se comprueba que se ha hecho una jugada ilegal, se restablecerá la posición existente antes de que se produjese ésta. A la jugada, que se debe hacer en sustitución de la ilegal, se le aplicarán las reglas del Artículo 7; hecho esto se continuará la partida.

Si no fuera posible restablecer la posición, la partida será declarada nula y se jugará una nueva.

Esto es válido para todas las sesiones de juego y para las partidas que esperan una decisión para su adjudicación.

8.2 Si en el curso de una partida una o más piezas son desplazadas accidentalmente de sus casillas y reubicadas incorrectamente, se deberá restablecer la posición anterior a dicho desplazamiento y se continuará la partida.

8.3 Si un jugador mueve, y al hacerlo, tira aunque sea sin intención una o varias piezas, él debe restablecer la posición con su propio tiempo.

8.4 Si después de un aplazamiento la posición de la partida es reconstruida incorrectamente, se deberá restablecer la posición existente en el momento del aplazamiento y continuar la partida.

8.5 Si durante una partida se comprueba que la posición inicial de las piezas era incorrecta, se anulará la partida y se jugará una nueva.

8.6 Si una partida ha comenzado con los colores invertidos y ha transcurrido la cuarta parte del tiempo total señalado a ambos jugadores para el primer control de tiempo, la partida deberá continuar. Con anterioridad el árbitro puede decidir que se juegue una nueva partida con los colores correctos, si el horario del torneo no es excesivamente afectado.

8.7 Si durante una partida se comprueba que el tablero no ha sido colocado de acuerdo con el artículo 1.2, se transferirá la posición existente a un tablero dispuesto correctamente y se continuará la partida.

Artículo 9. EL JAQUE

9.1 El rey está en jaque cuando la casilla que ocupa se ve atacada por una o dos piezas contrarias. En tal caso se dice que la pieza o piezas están dando "JAQUE AL REY". Un jugador no puede hacer un movimiento que deje a su rey en una casilla atacada por una pieza del oponente.

9.2 Todo jaque debe ser contrarestado en la jugada inmediata siguiente. Si algún jaque no puede ser parado se dice que el rey está en "JAQUE MATE" o "MATE". (Ver Artículo 10.1).

Artículo 10. PARTIDA TERMINADA

10.1 La partida es ganada por el jugador que da mate al rey contrario.
Esto significa – inmediatamente– el fin de la partida.

10.2 La partida es ganada por el jugador cuyo oponente declara que abandona.
Esto significa – inmediatamente– el fin de la partida.

10.3 La partida es tablas cuando el rey del jugador, al que corresponde jugar, no está en jaque y el mencionado jugador no dispone de ninguna jugada legal para realizar. Se dice entonces que le rey está "AHOGADO".
Esto significa – inmediatamente– el fin de la partida.

10.4 La partida es tablas cuando se produce uno de los siguientes finales:
a) rey contra rey;
b) rey con sólo alfil o caballo contra rey;
c) rey y alfil contra rey y alfil, siempre que los alfiles se muevan por diagonales del mismo color.
Esto significa –inmediatamente– el fin de la partida.

10.5 Un jugador teniendo sólo el rey no puede ganar la partida. La partida deberá ser declarada tablas si el oponente del jugador que tiene sólo el rey rebasa el límite de tiempo (Artículos 10.13– 10.14) o ha sellado un movimiento ilegal (Artículo 10.16).

10.6 La partida es tablas por acuerdo entre los dos jugadores. Esto significa – inmediatamente– el fin de la partida.

10.7 Un jugador sólo puede proponer tablas, de acuerdo con las condiciones previstas en el artículo 10.6, inmediatamente después de mover la pieza.
Formulada la propuesta, dicho jugador pondrá en marcha el reloj de su oponente, el cual puede aceptarlas o denegarlas, bien oralmente o realizando una jugada.
La propuesta de tablas es considerada siempre incondicional. La oferta de tablas es válida hasta que el oponente la haya aceptado o rechazado.

10.8 Si un jugador propone tablas mientras el reloj de su oponente está en marcha, y dicho oponente está reflexionando su jugada, éste puede aceptarlas o rechazarlas. El jugador que ha propuesto tablas de esta forma puede ser penalizado por el Arbitro (Artículos 15.1 d y 16.5).

10.9 Si un jugador propone tablas cuando su reloj está en marcha o después de realizar la jugada secreta, el oponente puede posponer su decisión hasta ver la jugada del oponente.

10.10 La partida es tablas a petición del jugador al cual corresponde jugar cuando la misma posición por tercera vez:
a) Va a producirse, y el jugador en cuestión declara al Arbitro su intención de hacer la jugada que la produce y la anota en su planilla; o bien

b) Acaba de producirse:
  – Teniendo el mismo jugador el movimiento cada vez.
  – Se considera que es la misma posición cuando piezas del mismo tipo y color ocupan las mismas casillas y las jugadas posibles de todas las piezas, son las mismas, incluso el derecho a enrocar o a capturar un peón al paso.

10.11 Si un jugador ejecuta una jugada sin haber reclamado tablas aduciendo alguna de las razones especificadas en el Artículo 10.10, pierde el derecho a hacerlo. No obstante, este derecho le es restituido si se produce de nuevo la misma posición y le corresponde jugar al mismo jugador.

10.12 La partida es tablas cuando un jugador, al que le corresponde jugar, reclama tablas y demuestra que se han hecho, al menos, cincuenta jugadas consecutivas por cada parte sin que se haya producido ninguna captura de pieza y sin que se haya movido ningún peón.

El número de cincuenta jugadas se puede aumentar en determinadas posiciones, siempre que ambos elementos – número de jugadas y posiciones– hayan sido anunciadas con toda claridad por los organizadores antes de iniciar el Torneo.

Anexo al Artículo 10.12

El Comité de Arbitros y el Centro de Estudios de la FEDA, de acuerdo con el Artículo 10.12 recomiendan a los Organizadores de Torneos y Arbitros, la inclusión en las Bases de las Competiciones del siguiente texto:

El número de cincuenta jugadas según el Artículo 10.12 será ampliado a setenta y cinco en las siguientes posiciones:

a) rey, torre y alfil contra rey y torre;

b) rey y dos caballos contra rey y peón, siempre que;
  I) el peón esté bloqueado por un caballo;
  II) el peón no debe haber pasado de a4, b6, c5, d4, e4, f5, g6 o h4 (si es del bando negro), o a5, b3, c4, d5, e5, f4, g3 o h5 (si es del bando blanco).

c) rey, torre y peón contra rey alfil y peón, si:
  I) Las blancas tienen el peón en a2, las negras lo tienen en a3 y el alfil es de diagonales negras, o
  II) las blancas tienen el peón en h2, las negras lo tienen en h3 y el alfil es de diagonales blancas, o
  III) se dan las condiciones de I y II con los colores cambiados, o sea: hay un peón negro e h7 o a7, y un peón blanco en h6 con alfil de diagonales negras, o a6 con alfil de diagonales blancas.

d) rey, dama y un peón situado en una casilla antes de la promoción, contra rey y dama.

e) rey y dama contra rey y dos caballos.

f) rey y dama contra rey y dos alfiles.

g) rey y dos alfiles contra rey y caballo.

10.13 Si un jugador exige tablas de acuerdo con las condiciones previstas en los Artículos 10.10 ó 10.12, el Arbitro debe detener seguidamente el reloj y mantenerlo así mientras se examina la validez de la petición.

En ausencia del Arbitro, el jugador puede parar ambos relojes para solicitar su presencia.

a) si se comprueba que la petición es correcta, la partida es tablas.

b) Si se comprueba que la petición es incorrecta, el Arbitro deberá cargar con cinco minutos en el reloj del peticionario.

Si con ello éste rebasa el límite de tiempo, habrá perdido la partida.

En caso contrario, la partida se continuará y el jugador que ha indicado una jugada, de acuerdo con el Artículo 10.10 a) está obligado a ejecutarla sobre el tablero.

c) Un jugador que formula una petición, de acuerdo con estos artículos no puede retirarla.

10.14 Pierde la partida el jugador que no ha completado el número de jugadas prescrito en el tiempo establecido, salvo que a su oponente le quede solamente el rey, en cuyo caso la partida será tablas (ver Artículos 6.5 y 10.5).

10.15 Pierde la partida el jugador que comparece ante el tablero de ajedrez con más de una hora de retraso, ya sea para iniciar la partida o para reanudarla, si ésta ha sido aplazada.

El tiempo de retraso se contabiliza a partir del comienzo de la sesión de juego. No obstante, en el caso de una partida aplazada, si el jugador que se retrasa es el mismo que ha hecho la jugada secreta, la partida puede decidirse de otro modo si,

a) el jugador ausente gana la partida, porque la jugada secreta da jaque mate; o

b) el jugador ausente obtiene tablas, porque la jugada secreta provoca las tablas por ahogado o, como consecuencia de la jugada secreta, se producen una de las posiciones especificadas en el Artículo 10.4; o

c) el jugador presente pierda la partida, de acuerdo con el Artículo 10.14, por haber superado su límite de tiempo.

10.16 Pierde la partida el jugador que pone bajo sobre una jugada secreta: (a) que es ambigua, o (b) que resulta ser una jugada falsa cuyo significado real es imposible de terminar, o (c) que resultara ser una jugada secreta ilegal, salvo lo señalado en el Artículo 10.5

10.17 Pierde la partida aquel jugador que, en el transcurso de la misma rehúsa cumplir las leyes. Si ambos jugadores rehúsan cumplir las leyes o ambos jugadores comparecen ante el tablero de ajedrez con más de una hora de retraso, la partida será declarada perdida para ambos.

Artículo 11. LA ANOTACIÓN DE LAS PARTIDAS

11.1 En el curso de las partidas ambos jugadores tienen la obligación de anotarla (sus jugadas y las de su oponente), jugada tras jugada, de la manera más clara y legible posible, de acuerdo con el sistema de anotación algebraico, en la planilla prescrita para la competición. El jugador puede hacer primero su jugada y luego anotarla en la planilla o viceversa.

(La comisión de Reglas de la FIDE, del Congreso de Manila 1992, es partidaria de que el Arbitro sólo intervenga cuando el retraso de la planilla sea de más de un movimiento, tanto para las blancas como para las negras.)

11.2 Si un jugador dispone en su reloj de menos de cinco minutos para llegar al control de tiempo no está obligado a cumplir las exigencias del Artículo 11.1. Pero dicho jugador deberá completar la anotación de la partida, añadiendo las jugadas que le falten en la planilla, tan pronto como el dispositivo adecuado en su reloj (por ejemplo, una banderita) indique el final del tiempo establecido para el control.

11.3 Si ninguno de los jugadores puede llevar el control del número de las jugadas, el Arbitro o su delegado ha de procurar estar presente y realizar dicho control.

El Arbitro no debe intervenir a menos que caiga la banderita, y hasta entonces, no debe indicar, de ninguna manera, a los jugadores cuántos movimientos se han hecho.

11.4 Si, al margen de la situación prevista en el Artículo 11.2, un jugador se niega a anotar la partida de acuerdo con el Artículo 11.1, entonces se le aplicaría el Artículo 10.17.

11.5 Si un jugador no se niega a cumplir el requerimiento del Arbitro de completar su planilla, pero manifiesta no poder hacerlo sin consultar la planilla de su oponente, ésta deberá pedirse al Arbitro, el cual decidirá si se puede completar antes del control de tiempo sin molestar al otro jugador.

Este último no podrá negarse a facilitar su planilla, toda vez que la misma es propiedad de la organización de la prueba y la reconstrucción de la partida se hará con cargo al reloj de su adversario.

En todos los demás casos las planillas sólo se pueden completar después del control de tiempo.

11.6 Si superado el control de tiempo uno de los jugadores tiene que completar su planilla, lo hará antes de efectuar un nuevo movimiento y con el reloj en marcha si su oponente ya ha jugado.

11.7 Si superado el control de tiempo los dos jugadores tienen que completar sus planillas, ambos dos relojes deberán ser parados hasta que las planillas sean completadas, si es necesario, con la ayuda de la planilla del Arbitro (si ello es posible), y/u otro tablero bajo el control del Arbitro, el cual deberá haber anotado previamente la actual posición del tablero.

11.8 Si al aplicar el Artículo 11.6 el Arbitro comprueba que no se puede reconstruir la partida con la única ayuda de las planillas, entonces actuará de acuerdo con el Artículo 11.7.

11.9 Si es imposible reconstruir las jugadas de acuerdo con lo prescrito en el Artículo 11.7, se continuará la partida.

En este caso el siguiente movimiento se considerará como el primer movimiento del siguiente control de tiempo.

Artículo 12. EL RELOJ DE AJEDREZ

12.1 Cada uno de los jugadores tienen que hacer un número determinado de jugadas en un período de tiempo establecido; ambos factores – el número de jugadas que hay que efectuar y el tiempo asignado– serán especificados con anterioridad.

12.2 El control de tiempo,correspondiente a cada jugador, se realiza mediante un reloj provisto de una bandera (u otro dispositivo adecuado). Se considera que la bandera ha caído cuando este hecho es advertido por el Arbitro o cuando el Arbitro considera que se ha sobrepasado el tiempo establecido, a pesar de que – por un defecto– la bandera no haya caído en el momento en que la punta del minutero rebasó la punta de la bandera.

En los casos en los cuales el Arbitro no está presente, se considera que ha caído la bandera cuando el jugador adversario efectúa la reclamación de este hecho.

12.3 En el momento fijado para el inicio de la partida es puesto en marcha el reloj del jugador que posee las piezas blancas. Durante la partida cada jugador, tras completar la jugada, detiene su reloj y pone en marcha el de su oponente.

12.4 Toda indicación facilitada por el reloj se considera válida y concluyente siempre que no existan defectos evidentes. El jugador que desee denunciar uno de tales defectos deberá hacerlo tan pronto como lo observe y, a más tardar, inmediatamente después de que su bandera haya caído en el control de tiempo.

El reloj que presente un defecto evidente deberá ser sustituido por otro y el nuevo reloj indicará – con la mayor precisión posible– el tiempo consumido por cada jugador hasta el momento en que se tuvo que interrumpir la partida.
El Arbitro deberá utilizar su mejor criterio para determinar los tiempos que ha de marcar el nuevo reloj. Si decide añadir tiempo al consumido por el reloj de uno o de ambos jugadores, entonces en ningún caso (excepto lo previsto en el Artículo 10.13 b), deberá dejar a un jugador con:
a) menos de cinco minutos para poder llegar al control de tiempo; o
b) menos de un minuto para cada jugada para poder llegar al control de tiempo.

12.5 Si hay que interrumpir la partida por alguna causa que requiera la actuación del Arbitro, éste deberá parar ambos relojes.
Esta medida procede, por ejemplo, cuando se debe corregir una posición ilegal; cuando se cambia un reloj defectuoso; cuando al promocionar un peón, el jugador no tiene inmediatamente a su disposición la pieza que manifiesta querer a cambio o para reclamar las tablas tanto por repetición de posición, como por la regla de las cincuenta jugadas.
Si el Arbitro no está presente, el jugador puede parar ambos relojes en orden a solicitar su presencia.

12.6 En el caso de los Artículos 8.1 y 8.2, cuando no es posible determinar el tiempo consumido por cada jugador hasta el momento en que se produjo la irregularidad, a cada jugador se le asignará un tiempo proporcional al marcado por su reloj cuando se produjo la irregularidad.
Ejemplo : Después de la jugada 30 de las negras, se comprueba que en la jugada 20 se produjo una irregularidad. Si realizadas estas treinta jugadas el reloj de las blancas marca noventa minutos y el de las negras sesenta, la fórmula de los tiempos consumidos por los jugadores en las veinte primeras jugadas es:

$$\text{BLANCAS} = \frac{90 \times 20}{30} = 60 \text{ min.} \quad \text{NEGRAS} = \frac{60 \times 20}{30} = 40 \text{ min.}$$

Esta regla no debe emplearse para dejar a un jugador con menos de cinco minutos para el control de tiempo, o menos de un minuto para cada jugada que le falten para llegar a dicho control. (La ocasión más frecuente en que se presenta este problema es después de la continuación de un aplazamiento, cuando los tiempos pueden ajustarse fácilmente, recurriendo a los indicados en el sobre del movimiento sellado.

12.7 La pérdida de una partida, por abandono, y las tablas, por acuerdo, Artículos 10.2 y 10.7, conservan su validez incluso cuando después se pone de manifiesto que la bandera había caído.

12.8 Si las dos banderas han caído – virtualmente– al mismo tiempo y el Arbitro le resulta imposible determinar – claramente– cuál de ellas lo hizo primero, entonces la partida debe continuar.
En este caso, si las planillas no pueden ser actualizadas para demostrar que se ha pasado el control de tiempo, la jugada se considerada como la primera del siguiente control de tiempo.

12.9 El Arbitro deberá abstenerse de indicar a un jugador, sobre el hecho de que el adversario ha hecho una jugada, o de que el jugador ha olvidado parar el reloj después de haber realizado una jugada, o bien de informarle acerca del número de jugadas que él ha hecho, etc.

Artículo 13. EL APLAZAMIENTO DE LA PARTIDA

13.1 a) Si una partida no ha terminado al concluir el tiempo prescrito para la sesión de juego, el jugador al que corresponde mover debe de:
- escribir su jugada secreta, en notación clara y precisa, en su planilla;
- meter esta planilla y la de su oponente en un sobre;
- sellar el sobre y, sólo entonces,
- detener su reloj, sin poner en marcha el de su adversario.

Hasta que no se han detenido los relojes, el jugador conserva el derecho para poder cambiar la jugada secreta.

Si después de que el Árbitro le haya dicho que anote su jugada secreta, el jugador ejecuta una jugada en el tablero, debe también anotar la misma en su planilla como jugada secreta.

b) Al tiempo consumido por un jugador (al que corresponde jugar) que aplaza la partida antes del final de la sesión de juego, habrá que adicionar en su reloj, el total del tiempo restante para el final de la sesión prevista.

13.2 En el sobre se harán constar los siguientes datos:
a) los nombres de los dos jugadores;
b) la posición inmediatamente anterior a la jugada secreta;
c) el tiempo consumido por cada jugador;
d) el nombre del jugador que ha hecho la jugada secreta, y
e) el número de la jugada secreta.

13.3 El Árbitro es el responsable de la custodia del sobre y deberá comprobar la corrección de la información del mismo.

Artículo 14. LA REANUDACIÓN DE LA PARTIDA APLAZADA

14.1 Cuando se reanuda una partida se debe poner – en el tablero– la posición inmediatamente anterior a la jugada secreta, e indicar en los relojes el tiempo consumido por cada jugador hasta el momento del aplazamiento.

14.2 El sobre sólo será abierto en presencia del jugador que tiene que contestar a la jugada secreta. El reloj de este jugador será puesto en marcha después de que se haya ejecutado en el tablero la jugada secreta.

Si antes de abrir el sobre:
a) los dos jugadores acuerdan tablas y comunican al Árbitro su decisión, o
b) uno de los jugadores en una partida aplazada notifica al Árbitro que abandona,

En ambos casos, si al abrirse el sobre, se descubre que la jugada secreta no es válida conforme a lo estipulado en el Artículo 10.16, entonces en el supuesto "a" se mantienen las tablas y en el "b" el abandono sigue válido.

14.3 Si el jugador que tiene que responder a la jugada secreta, está ausente, su reloj será puesto en marcha, pero el sobre que contiene la jugada secreta sólo será abierto cuando él llegue. Entonces el reloj del jugador será parado, y de nuevo puesto en marcha después de que la jugada secreta haya sido efectuada sobre el tablero.

14.4 Si el jugador que ha realizado la jugada secreta está ausente, el jugador al cual corresponde mover no está obligado a contestar sobre el tablero a la jugada secreta.

Tiene derecho a:
Anotar la jugada de respuesta en su planilla, sellar ésta en un sobre, detener el reloj, y poner en marcha el reloj de su oponente.

El sobre se guardará en lugar seguro y se abrirá a la llegada de su oponente.
14.5 Si el sobre que contiene la jugada secreta de acuerdo con el Artículo 13, ha desaparecido:
   a) la partida se reanudará a partir de la posición existente en el momento del aplazamiento y con los tiempos de reloj correspondientes a dicho momento;
   b) si resulta imposible reconstruir la posición, la partida será anulada y se deberá hacer jugar una nueva;
   c) si no se puede determinar el tiempo consumido en el momento del aplazamiento, el Árbitro deberá decidir sobre esta cuestión.
   En los casos a) y c), el jugador que ha realizado la jugada secreta la deberá ejecutar sobre el tablero.
14.6 Si en la reanudación de una partida se ha colocado el tiempo incorrectamente en alguno de los relojes y uno de los jugadores lo denuncia antes de efectuar su primer movimiento, el error debe ser corregido.
   Si el error no es denunciado, la partida continuará sin corrección alguna, salvo que el Árbitro considere que las consecuencias sean demasiado graves.
14.7 La duración de cada sesión, correspondiente a la partida aplazada, será controlada por el reloj de pared y se anunciará anticipadamente la hora de su comienzo y la de su terminación.

Artículo 15. LA CONDUCTA DE LOS JUGADORES

15.1 Prohibiciones:
   a) durante la partida a los jugadores les está prohibido:
   – utilizar material manuscrito, impreso o registrado por cualquier otro procedimiento, así como
   – analizar la partida en otro tablero;
   – recurrir a consejos, avisos u opiniones de terceros, los hayan solicitado o no.
   b) Les está prohibido igualmente el uso de notas hechas durante la partida, como ayuda memorística, exceptuando la anotación de las jugadas y los tiempos indicados en los relojes.
   c) En las salas de juego no está permitido realizar análisis durante la partida o durante las sesiones de las partidas aplazadas.
   d) Está prohibido distraer o molestar al oponente de cualquier manera, con cualquier cosa. Esto incluye la persistente oferta de tablas.
15.2 Las infracciones de las normas contenidas en el Artículo 15.1 pueden incurrir en sanciones que lleguen hasta la pérdida de la partida (ver Artículo 16.5).

Artículo 16. EL ÁRBITRO

Para dirigir la competición se debe designar un Árbitro.

Sus funciones son:

16.1 Velar por el estricto cumplimiento de las leyes.
16.2 Supervisar el desarrollo de la prueba
   – Determinar si los jugadores han sobrepasado el límite de tiempo prescrito.
   – Fijar el orden de la reanudación de las partidas aplazadas.

– Velar por el cumplimiento de las disposiciones contenidas en el Artículo 13 (cerciorándose de que es correcta la información que figura en el sobre).

– Conservar el sobre con la jugada secreta hasta la reanudación de la partida, etc.

16.3 Hacer que se cumplan las decisiones que hayan podido tomar en los casos de litigio surgidos en el curso de la competición.

16.4 Actuar en el mejor beneficio de la prueba, a fin de mantener un buen ambiente de juego, y para que los jugadores no se molesten unos a otros ni sean molestados por el público.

16.5 Imponer sanciones a los jugadores por cualquier falta o infracción de las leyes. Estas sanciones pueden incluir una amonestación, una penalización de tiempo con adición de tiempo al empleado por el jugador, o favorecer en tiempo a su contrario.

Artículo 17. PUNTUACIÓN

En una partida ganada, el ganador recibe 1 (un) punto y el perdedor 0 (cero) puntos. En caso de tablas, cada jugador recibe 1/2 (medio) punto.

Artículo 18. INTERPRETACIÓN DE LAS LEYES

En caso de duda acerca de la aplicación o de la interpretación de las leyes, la FIDE examinará las pruebas y emitirá decisiones oficiales.

Las resoluciones y reglas publicadas son obligatorias para todas las Federaciones afiliadas. Todas las propuestas y consultas sobre interpretaciones deberán ser remitidas por las Federaciones, que son miembros de la FIDE, con los datos completos.

Artículo 19. VIGENCIA

El texto en inglés es la versión auténtica de las "LEYES DEL AJEDREZ", adoptadas por el congreso de la FIDE en 1984, con las enmiendas aprobadas en los Congresos de la FIDE de 1988 y 1992. Estas Leyes entrarán en vigor el día 1 de enero de 1993.

Reglamento para ajedrez relámpago (5 minutos)

Texto del Reglamento de la Federación Internacional de Ajedrez aprobado por el Comité Central de la FIDE en 1977 y revisado por los Congresos de la FIDE de Gratz (Austria) en 1985, de Mayagüez (Puerto Rico) en 1989 y de Manila (Filipinas) en 1992.

Para su aplicación en los torneos de la FIDE y recomendado su empleo en todas las competiciones internacionales de esta modalidad.

1. El juego deberá ser dirigido por las Leyes del Ajedrez de la FIDE, excepto donde contradigan las siguientes reglas.
2. Cada jugador debe hacer todos sus movimientos dentro de los cinco minutos asignados en su reloj.
3. Los jugadores no están obligados a anotar sus movimientos.
4. Un jugador que ha hecho un movimiento ilegal debe rectificarlo y hacer uno legal dentro de su propio tiempo.
   a) Los movimientos ilegales inadvertidos por ambos jugadores no pueden ser corregidos después, ni pueden llegar a ser la base para efectuar una reclamación, aunque la pieza una vez tocada debe ser movida. Si no existe movimiento legal con aquella pieza y el reloj no ha sido pulsado, se puede hacer un movimiento legal con otra pieza.
   b) Un movimiento ilegal está completado cuando el jugador neutraliza su reloj (pone en marcha el del contrario), pudiendo entonces el oponente reclamar la victoria.
5. Todos los relojes deben tener un mecanismo especial, habitualmente una "bandera", que señale el fin del tiempo de control previsto.
6. Antes del comienzo de la partida, los jugadores deberán verificar la posición de las piezas, la colocación del tablero y la exactitud del reloj, no admitiéndose reclamaciones a este respecto después de que cada jugador haya hecho tres movimientos. No obstante si se descubre con posterioridad que el rey y la dama estaban incorrectamente situados, el jugador puede enrocarse en "largo" en el ala de rey, y en "corto" en el de dama.
7. Cada jugador debe accionar el reloj con la misma mano que usa para mover las piezas.
   Excepción: Se permite utilizar las dos manos para efectuar el enroque.
   Después de la primera infracción a esta regla, el Árbitro dará una amonestación;

después de la segunda infracción bonificará un minuto de tiempo en el reloj del jugador inocente; y después de la tercera, dará por perdida la partida al jugador reiteradamente infractor.

8. El Arbitro determinará al principio del torneo el lugar en que se colocarán los relojes, y el jugador que tenga las piezas negras decidirá el lado del tablero en que desea sentarse.

9. Ningún jugador puede tocar el reloj excepto para enderezarlo o para pulsar el botón.

   a) Si algún jugador golpea sobre el reloj, su oponente obtiene una bonificación de tiempo de un minuto.

   b) Si el reloj de su contrario no funciona, un jugador puede pulsar el lado de su oponente y después volver a pulsar el suyo propio; no obstante si este procedimiento fuera insatisfactorio deberá llamar al Arbitro.

   c) A cada jugador le deberá estar permitido pulsar el reloj después de haber hecho un movimiento. Los jugadores no pueden mantener su dedo sobre el pulsador ni cubrirlo.

10. Si un jugador desplaza o tira accidentalmente una o varias piezas, debe colocarlas de nuevo dentro de su tiempo. Si es necesario, el adversario puede entonces accionar el reloj sin hacer jugada, para asegurarse de que el jugador utiliza su tiempo para colocar de nuevo las piezas.

11. Si un jugador toca primero una pieza, y después juega otra, su adversario podrá, si fuera necesario, volver a accionar el reloj del jugador infractor, y hacerle mover la pieza tocada.

    a) En la primera falta el jugador recibirá una advertencia (salvo que provoque la caída de la bandera de su contrario, en cuyo caso el oponente recibirá una bonificación de tiempo extra de un minuto).

    b) En la segunda falta el oponente recibirá una bonificación de tiempo extra de un minuto.

    c) Después de la tercera falta el infractor perderá la partida.

    d) Después de repetidas faltas el Arbitro puede aplicar otras penalizaciones incluyendo la expulsión del jugador del torneo.

12. Si un jugador promociona un peón y lo deja sobre el tablero sin colocar la pieza por la que desea sustituirlo, uno u otro jugador pueden parar los relojes mientras es encontrada la pieza de reemplazamiento.

13. En caso de disputa cada jugador puede parar los relojes mientras se avisa al Arbitro.

14. La partida es ganada por el jugador:

    a) Que ha dado mate al rey adversario.

    b) Cuyo adversario declara que abandona.

    c) A cuyo adversario se le haya acabado su tiempo (caída de su bandera) antes de que la partida haya terminado de otra forma,

    1) siempre que lo señale y neutralice los relojes mientras que su propia bandera esté todavía levantada, y

    2) tenga suficiente material para dar mate. "Material para dar mate" significa, en caso de duda, que sea posible alcanzar una posición en la cual el mate en el próximo movimiento sea forzado y el oponente al mover no pueda evitarlo.

    d) Cuyo adversario completa una jugada ilegal, que incluye dejar o poner el rey en jaque, y neutraliza su reloj (4, b), pero solamente si el jugador reclama la victoria antes de que él mismo haya completado su movimiento.

15. La partida es tablas:

a) Si uno de los reyes está ahogado.

b) Por acuerdo entre los jugadores durante la partida, pero nunca antes o después de la misma.

c) Si la bandera de un jugador cae después de que la del adversario haya caído sin reclamación de partida ganada como 2n 14, c), 1).

d) Por jaque continuo, repetición de posición, y posiciones "muertas"; para reclamar por cuatro veces la repetición es necesario que el jugador vaya contando los movimientos en voz alta. El reclamante deberá parar el reloj después de la cuarta repetición.

e) Si la bandera de un jugador ha caído pero su oponente tiene insuficiente material para dar mate, como se define en 14, c), 2).

Reglas varias

16. El Arbitro no debe intervenir de forma alguna en el juego de la partida a menos que sea llamado para tomar una decisión.
En particular, no debe llamar la atención sobre caídas de bandera o movimientos ilegales.

17. El Arbitro no deberá manipular el reloj excepto en el caso de disputa o cuando ambos jugadores le pida que así lo haga o, a su discreción para cambiar un reloj defectuoso.

18. Los espectadores o jugadores de otras partidas no deben hablar o intervenir de ninguna manera en una partida. Si un espectador interfiere de algún modo, tal como llamando la atención sobre la caída de bandera o alguna jugada ilegal, el Arbitro podrá anular la partida y ordenar que una nueva sea jugada en su lugar. El Arbitro podrá también expulsar al infractor de la sala de juego.

19. Todas las decisiones del Arbitro son definitivas e inapelables.

Reglamento para ajedrez rápido (30 minutos) Reglamento para ajedrez activo (60 minutos)

Texto aprobado por la Asamblea General de la FIDE de 1985 y 1987 y revisado en las Asambleas Generales de 1988, 1989, 1992 y 1993.

DURACIÓN DE LA PARTIDA

1. Cada jugador hará todos sus movimientos en una franja de tiempo comprendida entre 15 y 60 minutos, tal como se haya estipulado de antemano en el torneo. Con relojes electrónicos: 25 minutos; después 5 segundos acumulativos.
2. Cada jugador ha de anotar la partida –*movimiento tras movimiento*– hasta que le queden cinco minutos para el control. El organizador del torneo tiene el derecho de decidir si la anotación de las partidas el obligatoria o no.

EL RELOJ

3. Cada reloj debe tener un dispositivo especial, usualmente denominado "bandera", el cual marcará el final del período del control de tiempo.
4. Antes del inicio de la partida, los jugadores deberían verificar la posición de las piezas y el ajuste de los relojes. Si han omitido hacerlo, no será aceptada ninguna reclamación después de que cada jugador haya hecho su primer movimiento, excepto por mutuo acuerdo.
5. Cada jugador pulsará el reloj con la misma mano con la que mueve sus piezas. Excepción: está permitido realizar el enroque usando ambas manos.
6. El árbitro deberá decidir, al inicio del torneo, la ubicación de los relojes y el jugador, con las piezas negras, decidirá en que lado del tablero se sienta.
7. A ningún jugador le está permitido que presione con sus dedos, de forma más o menos permanente, el botón de su propio reloj.
8. Durante la partida *el reloj no debe ser sujetado* por ninguno de los dos jugadores.

PARTIDA GANADA

9. La partida es ganada por el jugador:
   a) el cual ha dado mate al rey de su oponente,
   b) cuyo oponente declara que abandona,
   c) a cuyo oponente se le caiga primero la bandera, en cualquier momento *antes* de que la partida finalice de otra manera.

10. *Un jugador debe reclamar la victoria deteniendo –inmediatamente– ambos relojes* y notificándoselo al árbitro. Para reclamar la victoria, bajo el Artículo 9c, la bandera del jugador debe estar levantada y la bandera de su oponente debe estar caída, después de que los relojes hayan sido detenidos. Si ambas banderas están caídas, la partida será declarada tablas (Artículo 11. a).

PARTIDA TABLAS

11. Una partida es tablas bajo las usuales reglas del ajedrez y también:
    a) si ambas banderas están caídas.
    b) si la bandera de un jugador cae, cuando a su adversario le es imposible darle mate.
    c) un jugador apurado de tiempo puede reclamar tablas, si el árbitro está de acuerdo y si:
       a) tiene la partida *claramente* ganada, o
       b) el oponente del jugador está continuando una posición estéril de tablas.

12. Únicamente antes de que caiga la bandera del reclamante y amparada la reclamación –allí donde fuese necesario– con una planilla debidamente cumplimentada, también una partido puede ser tablas:

    a) Si el jugador demuestra que existe un *jaque perpetuo* o *una repetición forzada de la posición* (si esta reclamación se evidencia que es falsa, su oponente será compensado añadiéndole dos minutos de tiempo extra).
    b) Si su oponente no tiene posibilidades prácticas de ganar (si esta reclamación se evidencia que es falsa, su oponente será compensado añadiéndole dos minutos de tiempo extra).
    Las siguientes serán consideradas posiciones sin "posibilidades prácticas de ganar" (a menos que no haya una manera forzada de ganar):
       1) si el reclamante tiene dama contra dama (o torre, o alfil, o caballo, o peón);
       2) si el reclamante tiene torre contra torre (o alfil, o caballo);
       3) si el reclamante tiene alfil (o caballo) contra alfil (o caballo);
       4) si el reclamante tiene alfil contra peón; caballo contra peón; torre contra peón, a menos que –en todos los casos– no haya manera forzada de ganar para su oponente
       5) si el reclamante tiene rey contra peón de la columna "a" o "h" y el alfil en la diagonal 'mala', con la condición de que el rey esté controlando la casilla de promoción;
       6) en todos los casos en que el reclamante pudiera tener piezas adicionales.

13. El jugador, que tiene las piezas blancas, es el responsable –en caso de tablas– de comunicárselo al árbitro.

EL ÁRBITRO

14. En el caso de que haya una disputa, *cualquiera* de los dos jugadores puede parar los relojes mientras es requerida la presencia del árbitro.
15. El árbitro no manipulará los relojes, excepto en el caso de que haya una disputa o cuando ambos jugadores se lo soliciten.
16. Los espectadores y los participantes, en otras partidas, no podrán decir nada o intervenir de ningún modo en una partida. Si un espectador interfiere, de alguna forma, como puede ser el avisar acerca de la caída de una bandera o de una jugada ilegal, el árbitro *puede* anular la partida y decidir que se juegue una nueva partida en su lugar, así como expulsar –de la sala de juego– a la persona que ha intervenido. También, el árbitro debe de abstenerse de llamar la atención acerca de la caída de una bandera o de un movimiento ilegal, ya que esto es exclusivamente responsabilidad de los jugadores.

VARIOS

17. Si un jugador, accidentalmente, desplaza una o más piezas, deberá volverlas a colocar con su propio tiempo. Si es necesario, su oponente puede poner en marcha el reloj del jugador, sin haber realizado ningún movimiento, a fin de asegurarse de que el jugador vuelva a colocar las piezas desplazadas con su propio tiempo.
18. El juego será regulado por las "Leyes del Ajedrez" de la FIDE, siempre que ellas no entren en contradicción con la presente reglamentación.

    Si un jugador toca una pieza y luego mueve otra, su oponente debería volver a poner en marcha el reloj del jugador, si ello fuese necesario, e informarle que él debe realizar su movimiento de acuerdo con el Artículo 7.
19. Si un jugador –en turno de juego– advierte que *el rey de su oponente está en jaque*, el jugador tiene que avisar al árbitro.
    a) Si *los jugadores tienen anotados sus movimientos* o los jugadores pueden establecer cuando fue realizado el movimiento ilegal, la partida es reanudada desde el momento anterior al que se cometió el movimiento ilegal y los tiempos restablecidos en consecuencia.
    b) Si *los movimientos no han sido anotados*, el árbitro solicitará al jugador –cuyo rey se halla en jaque– que retroceda su último movimiento y realice otro en su lugar que eluda el jaque.
    c) Si *ambos reyes están en jaque* y un jugador declara que está corrigiendo la irregularidad, entonces ambos jugadores han de rectificar su último movimiento y realizar un movimiento legal en su lugar. Si esto no es posible, el árbitro puede decidir lo que considere mejor.
20. Si hay una *posición ilegal en el tablero* (lo más frecuente es que un jugador tenga dos alfiles, que se muevan por diagonales del mismo color, aunque no se haya promocionado ningún peón) y si esta posición ilegal fue *causada por el último movimiento* completado en el tablero, entonces ese movimiento se tiene que anular y realizar otro movimiento legal en su lugar.
    20.1. Si una posición ilegal es *descubierta tardíamente* y es imposible averiguar cuando ocurrió (por ejemplo: cuando los jugadores no anotan sus movimientos), entonces la partida continua desde la posición existente en el tablero.

21. Antes de un torneo de "Ajedrez Activo" o de "Ajedrez Rápido", los organizadores deberían entregar una copia de estas Reglas a cada participante , si esto no fuera posible, tratar de que un número suficiente de copias sean colocadas, en la sala de juego, al menos media hora antes de que comience el torneo.

22. Si después de una reclamación del oponente, el árbitro decide:
   a) que el jugador ha violado los Artículos 7 u 8 o 17 o 18 de estas Reglas, o el Artículo 151.d. de las "Leyes del Ajedrez", o
   b) que el jugador por *segunda vez, o más veces,*
      1. ha violado los Artículos 2 o e de estas Reglas,
      2. o el jugador ha hecho un movimiento ambiguo,
   el árbitro *puede* penalizar al jugador, dándole *dos minutos de tiempo extra* a su oponente.
   La normativa sobre el tiempo en estas reglas, también es aplicable a los relojes electrónicos.

23. La partidas de un torneo, jugando bajo estas Reglas, pueden ser computadas –a efectos de "rating"– únicamente en una lista definida aparte para "Ajedrez Rápido" y para "Ajedrez Activo"

24. En un torneo, con partidas de sesenta minutos, no se pueden jugar más de cuatro partidas por día; en un torneo, con partidas de treinta minutos, no se pueden jugar más de seis partidas por día.

25. Debido a las especiales características del "Ajedrez Rápido", los jugadores deberían de comportarse de un modo ético, de acuerdo con el espíritu de la nobleza deportiva.

Los árbitros *pueden* aplicar medidas disciplinarias contra los jugadores de conducta dudosa.

Cuadros de emparejamiento del sistema Liga

CUADRO PARA 3 Y 4 JUGADORES

Ronda 1	1-4	2-3
Ronda 2	4-3	1-2
Ronda 3	2-4	3-1

CUADRO PARA 5 Y 6 JUGADORES

Ronda 1	1-6	2-5	3-4
Ronda 2	6-4	5-3	1-2
Ronda 3	2-6	3-1	4-5
Ronda 4	6-5	1-4	2-3
Ronda 5	3-6	4-2	5-1

CUADRO PARA 7 Y 8 JUGADORES

Ronda 1	1-8	2-7	3-6	4-5
Ronda 2	8-5	6-4	7-3	1-2
Ronda 3	2-8	3-1	4-7	5-6
Ronda 4	8-6	7-5	1-4	2-3
Ronda 5	3-8	4-2	5-1	6-7
Ronda 6	8-7	1-6	2-5	3-4
Ronda 7	4-8	5-3	6-2	7-1

CUADRO PARA 9 Y 10 JUGADORES

Ronda 1	1-10	2-9	3-8	4-7	5-6
Ronda 2	10-6	7-5	8-4	9-3	1-2
Ronda 3	2-10	3-1	4-9	5-8	6-7
Ronda 4	10-7	8-6	9-5	1-4	2-3
Ronda 5	3-10	4-2	5-1	6-9	7-8
Ronda 6	10-8	9-7	1-6	2-5	3-4
Ronda 7	4-10	5-3	6-2	7-1	8-9
Ronda 8	10-9	1-8	2-7	3-6	4-5
Ronda 9	5-10	6-4	7-3	8-2	9-1

CUADRO PARA 11 Y 12 JUGADORES

Ronda 1	1-12	2-11	3-10	4-9	5-8	6-7
Ronda 2	12-7	8-6	9-5	10-4	11-3	1-2
Ronda 3	2-12	3-1	4-11	5-10	6-9	7-8
Ronda 4	12-8	9-7	10-6	11-5	1-4	2-3
Ronda 5	3-12	4-2	5-1	6-11	7-10	8-9
Ronda 6	12-9	10-8	11-7	1-6	2-5	3-4
Ronda 7	4-12	5-3	6-2	7-1	8-11	9-10
Ronda 8	12-10	11-9	1-8	2-7	3-6	4-5
Ronda 9	5-12	6-4	7-3	8-2	9-1	10-11
Ronda 10	12-11	1-10	2-9	3-8	4-7	5-6
Ronda 11	6-12	7-5	8-4	9-3	10-2	11-1

CUADRO PARA 13 Y 14 JUGADORES

Ronda 1	1-14	2-13	3-12	4-11	5-10	6-9	7-8
Ronda 2	14-8	9-7	10-6	11-5	12-4	13-3	1-2
Ronda 3	2-14	3-1	4-13	5-12	6-11	7-10	8-9
Ronda 4	14-9	10-8	11-7	12-6	13-5	1-4	2-3
Ronda 5	3-14	4-2	5-1	6-13	7-12	8-11	9-10
Ronda 6	14-10	11-9	12-8	13-7	1-6	2-5	3-4
Ronda 7	4-14	5-3	6-2	7-1	8-13	9-12	10-11
Ronda 8	14-11	12-10	13-9	1-8	2-7	3-6	4-5
Ronda 9	5-14	6-4	7-3	8-2	9-1	10-13	11-12
Ronda 10	14-12	13-11	1-10	2-9	3-8	4-7	5-6
Ronda 11	6-14	7-5	8-4	9-3	10-2	11-1	12-13
Ronda 12	14-13	1-12	2-11	3-10	4-9	5-8	6-7
Ronda 13	7-14	8-6	9-5	10-4	11-3	12-2	13-1

CUADRO PARA 15 Y 16 JUGADORES

Ronda 1	1-16	2-15	3-14	4-13	5-12	6-11	7-10	8-9
Ronda 2	16-9	10-8	11-7	12-6	13-5	14-4	15-3	1-2
Ronda 3	2-16	3-1	4-15	5-14	6-13	7-12	8-11	9-10
Ronda 4	16-10	11-9	12-8	13-7	14-6	15-5	1-4	2-3
Ronda 5	3-16	4-2	5-1	6-15	7-14	8-13	9-12	10-11
Ronda 6	16-11	12-10	13-9	14-8	15-7	1-6	2-5	3-4
Ronda 7	4-16	5-3	6-2	7-1	8-15	9-14	10-13	11-12
Ronda 8	16-12	13-11	14-10	15-9	1-8	2-7	3-6	4-5
Ronda 9	5-16	6-4	7-3	8-2	9-1	10-15	11-14	12-13
Ronda 10	16-13	14-12	15-11	1-10	2-9	3-8	4-7	5-6
Ronda 11	6-16	7-5	8-4	9-3	10-2	11-1	12-15	13-14
Ronda 12	16-14	15-13	1-12	2-11	3-10	4-9	5-8	6-7
Ronda 13	7-16	8-6	9-5	10-4	11-3	12-2	13-1	14-15
Ronda 14	16-15	1-14	2-13	3-12	4-11	5-10	6-9	7-8
Ronda 15	8-16	9-7	10-6	11-5	12-4	13-3	14-2	15-1

CUADRO PARA 17 Y 18 JUGADORES

Ronda 1	1-18	2-17	3-16	4-15	5-14	6-13	7-12	8-11	9-10
Ronda 2	18-10	11-9	12-8	13-7	14-6	15-5	16-4	17-3	1-2
Ronda 3	2-18	3-1	4-17	5-16	6-15	7-14	8-13	9-12	10-11
Ronda 4	18-11	12-10	13-9	14-8	15-7	16-6	17-5	1-4	2-3
Ronda 5	3-18	4-2	5-1	6-17	7-16	8-15	9-14	10-13	11-12
Ronda 6	18-12	13-11	14-10	15-9	16-8	17-7	1-6	2-5	3-4
Ronda 7	4-18	5-3	6-2	7-1	8-17	9-16	10-15	11-14	12-13
Ronda 8	18-13	14-12	15-11	16-10	17-9	1-8	2-7	3-6	4-5
Ronda 9	5-18	6-4	7-3	8-2	9-1	10-17	11-16	12-15	13-14
Ronda 10	18-14	15-13	16-12	17-11	1-10	2-9	3-8	4-7	5-6
Ronda 11	6-18	7-5	8-4	9-3	10-2	11-1	12-17	13-16	14-15
Ronda 12	18-15	16-14	17-13	1-12	2-11	3-10	4-9	5-8	6-7
Ronda 13	7-18	8-6	9-5	10-4	11-3	12-2	13-1	14-17	15-16
Ronda 14	18-16	17-15	1-14	2-13	3-12	4-11	5-10	6-9	7-8
Ronda 15	8-18	9-7	10-6	11-5	12-4	13-3	14-2	15-1	16-17
Ronda 16	18-17	1-16	2-15	3-14	4-13	5-12	6-11	7-10	8-9
Ronda 17	9-18	10-8	11-7	12-6	13-5	14-4	15-3	16-2	17-1

CUADRO PARA 19 Y 20 JUGADORES

Ronda 1	1-20	2-19	3-18	4-17	5-16	6-15	7-14	8-13	9-12	10-11
Ronda 2	20-11	12-10	13-9	14-8	15-7	16-6	17-5	18-4	19-3	1-2
Ronda 3	2-20	3-1	4-19	5-18	6-17	7-16	8-15	9-14	10-13	11-12
Ronda 4	20-12	13-11	14-10	15-9	16-8	17-7	18-6	19-5	1-4	2-3
Ronda 5	3-20	4-2	5-1	6-19	7-18	8-17	9-16	10-15	11-14	12-13
Ronda 6	20-13	14-12	15-11	16-10	17-9	18-8	19-7	1-6	2-5	3-4
Ronda 7	4-18	5-3	6-2	7-1	8-19	9-18	10-17	11-16	12-15	13-14
Ronda 8	20-14	15-13	16-12	17-11	18-10	19-9	1-8	2-7	3-6	4-5
Ronda 9	5-20	6-4	7-3	8-2	9-1	10-19	11-18	12-17	13-16	14-15
Ronda 10	20-15	16-14	17-13	18-12	19-11	1-10	2-9	3-8	4-7	5-6
Ronda 11	6-20	7-5	8-4	9-3	10-2	11-1	12-19	13-18	14-17	15-16
Ronda 12	20-16	17-15	18-14	19-13	1-12	2-11	3-10	4-9	5-8	6-7
Ronda 13	7-20	8-6	9-5	10-4	11-3	12-2	13-1	14-19	15-18	16-17
Ronda 14	20-17	18-16	19-15	1-14	2-13	3-12	4-11	5-10	6-9	7-8
Ronda 15	8-20	9-7	10-6	11-5	12-4	13-3	14-2	15-1	16-19	17-18
Ronda 16	20-18	19-17	1-16	2-15	3-14	4-13	5-12	6-11	7-10	8-9
Ronda 17	9-20	10-8	11-7	12-6	13-5	14-4	15-3	16-2	17-1	18-19
Ronda 18	20-19	1-18	2-17	3-16	4-15	5-14	6-13	7-12	8-11	9-10
Ronda 19	10-20	11-9	12-8	13-7	14-6	15-5	16-4	17-3	18-2	19-1